Ko e Ivi Fakaofo 'o e Tapuaki

Richard Brunton
Liliu Faka-Tonga 'e Pilinisesi Mele Siu'ilikutapu

Ko e Ivi Fakaofo 'o e Tapuaki
Pulusi 'e he Richard Brunton Ministries
New Zealand

© 2022 Richard Brunton

ISBN 978-0-473-64729-2 (Softcover)
ISBN 978-0-473-64730-8 (ePUB)
ISBN 978-0-473-64731-5 (Kindle)
ISBN 978-0-473-64732-2 (PDF)

Fakatonutonu:
Fakamalo makehe kia
Joanne Wiklund pea mo Andrew Killick
ki he fakalelei'i ke mahu'inga malie 'a e tala
'oku 'i he tohi ni!

Liliu Faka-Tonga 'e
Pilinisesi Mele Siu'ilikutapu & Maasi Kalaniuvalu

Fa'u & Fokotu'utu'u
Andrew Killick
Castle Publishing Services
www.castlepublishing.co.nz

Fakataataa 'o e takafi:
Paul Smith

Ngaahi kupu'i folofola 'oku to'o mei he paaki New King James.
Copyright 1982 Thomas Nelson, Inc. Fakangofua fakalao.
Ma'u kakato 'a e totonu fakalao.

MA'U KAKATO 'A E TOTONU FAKALAO

Ko e tohi ko 'eni pe ko hano konga pe 'oku 'ikai ngofua
ke toe hiki hano tatau, hiki mo tauhi 'i ha founga, pe fakahoko
'i ha fa'ahinga founga pe 'o hange ko e faka'uhila, makenikale,
fotokopi, hiki pe ko ha toe founga 'e taha kehe 'okapau he'ikai ke
'i ai ha tohi fakangofua mei he toko taha faipulusi 'o e tohi.

KAKANO 'O E TOHINI

Talamu'aki	5
Ko e fakafe'iloaki	9

Konga 1: Ko e ha koaa 'a e 'uhinga 'o e tapuaki?   **15**

Ko e vavanga	17
Ko e ivi 'o 'etau lea	21
Mei he lea lelei ki he fai tapuaki: Ko ho tau ui ia	24
Ko e ha 'a e tapuaki faka-Kalisitiane?	27
Ko hotau mafai fakalaumalie	31

Konga 2: Founga ke fai   **39**

Ngaahi tefito'i mo'oni mahu'inga	41
Tauhi 'a e mo'ui lea ma'a	41
Kole ki he laumalie ma'oni'oni pe ko e ha 'a e me'a ke ke lea 'aki	41
Ko e faikehekehe 'o e tapuaki pea mei he lotu hufia	42
'Oua 'e faifakamaau	43
Ko ha ki'i fakataataa 'eni	45
Ngaahi tukunga kehekehe 'o e mo'ui 'oku tau fehangahangai mo ia	47

Tapuaki'i 'akinautolu 'oku nau lau'ikovi'i mo talatuki'i koe	47
Ko e tapuaki'i 'akinautolu 'oku nau fakamamahi pe fakasitu'a'i koe	49
Ko e tapuaki'i 'akinautolu 'oku nau fakatupu'ita kiate koe	52
Tapuaki'i, 'o 'ikai ko e talatuku'i 'e kita, 'a kita	56
Ko e fakatokanga'i pea motuhi pe maumau'i 'a e ngaahi mala'ia	56
Tapuaki'i hoku ngutu	59
Tapuaki'i hoku 'atamai	60
Tapuaki'i hotau ngaahi sino	62
Tapuaki'i ho 'api, nofo mali pea mo e fanau	67
Ko ha tapuaki fakatamai	77
Ko e tapuaki'i 'o ha ni'ihi kehe 'aki 'a e tuku atu 'a e lea fakapalofisai	84
Ko e tapuaki'i 'a ho 'api ngaue'anga	85
Ko e tapuaki 'o ha komiuniti	88
Ko e tapuaki'i 'o e fonua	90
Ko e tapuaki'i 'o e 'Eiki	92
Ko ha lea faka'osi mei ha toko taha na'a ne lau 'a e tohi ni	93
Ko ha lea faka'osi mei he toko taha fa'u 'o e tohi ni	94
Ngaahi founga ke fakahoko	95
Ko e founga ke ke hoko ko ha toko taha tui faka-Kalisitiane	97

TALAMU'AKI

'Oku ou fakalotolahi'i koe ke ke lau 'a e ki'i tohi ni he 'oku fonu ivi 'a hono tala – 'e liliu ai koe!

Lolotonga 'ema ma'u me'atokoni 'i he pongipongi 'e taha mo Richard Brunton na'a ne vahevahe ai 'a e ngaahi me'a fakahaa mei he 'Otua kiate ia 'o fekau'aki mo e ivi 'o e tapuaki, pea ne u a'usia ai he taimi pe ko ia 'a e fakakaukau 'e tokoni lahi 'eni ki he mo'ui 'a e kakai.

Na'a ku faitaa'i vitio 'a 'ene vahevahe pea ne u tuku atu ia 'i he 'apitanga 'a e kakai tangata 'o homau siasi. Ko e kau tangata na'a nau mamata 'i he vitio na'a nau fie ma'u ke fanongo ki ai 'a e siasi fakakatoa. 'I he kamata ke fakahoko 'e he kakai 'a e fai 'o e tapuaki ki he tapa kotoa 'o 'enau ngaahi mo'ui ne mau fanongo ki he ola fakaofo 'o 'enau ngaahi talaloto. Na'e talaloto e tangata pisinisi 'e taha, na'e tupu 'ene pisinisi mei he 'hala ha tupu ki he tupu' 'i loto pe 'i he uike 'e ua. Ko ha ni'ihi ia ne fakamo'ui honau sino.

Pea na'e kamata ke ava mai 'a e ngaahi faingamalie ke mafola atu 'a e tala ko 'eni. Na'e fakaafe mai ke u lea 'i he fakataha 'a e kau lotu 'oku ui ko e Fakatahataha 'a e kau Seniale (Gathering of the Generals) (ko e fakataha 'a e kau faifekau 'o e siasi 'oku nau ha'u ke ako mo toe fakaakeake 'e nau mo'ui) 'i Kenya pea mo Uganda. Na'a ma 'alu mo Richard 'o ako'i 'a e fai 'o e tapuaki. Na'e hoko 'a e ako 'o e FAI TAPUAKI ke ne solova 'a e ngaahi mo'ui umiuminoa mo fonu mamahi. Ko e tokolahi 'o e kakai 'i he fakataha na'e 'ikai pe ke nau a'usia ha tapuaki 'i kinautolu 'e he 'enau tamai pea na'e tu'u leva 'a Richard 'i he tu'unga fakatamai 'o tapuaki'i kinautolu. Tokolahi 'a e kakai ne nau tangi mo a'usia 'a e fakatau'ataina'i fakaeloto mo fakalaumalie pea liliu 'enau ngaahi mo'ui 'i he momeniti pe ko ia.

'I he'eku 'ilo 'a e founga fai 'o e tapuaki na'e fu'u liliu 'eku mo'ui ki ha tukunga 'oku ou fekumi ki ha ngaahi faingamalie ke tapuaki'i ai 'a e kakai 'i he 'lea mo e ngaue' – 'o vaka mai 'i he me'a kuo u lea 'aki mo fai. 'Oku ou 'ilo pe te ke fiefia 'i he ki'i tohi ni pea kapau te ke fakahoko ia ki ho'o mo'ui, 'e fua tupulaki mo fonu mahuohua ho'o mo'ui ma'ae Pule'anga 'o e 'Otua.

Geoff Wiklund
Geoff Wiklund Ministries,
Sea Malolo, Promise Keepers,
'Aokalani, Nu'usila

Na'e tapuaki'i 'e he 'Otua 'a Richard 'aki 'a e me'a fakaha 'o e ivi 'o e tapuaki pea kuo ne tukuange mai ki he kakai. 'Oku ou tui ko e me'a fakaha mai 'eni mei he 'Otua ma'ae taimi ko 'eni.

'I he mo'ui 'aki 'e Richard 'a e me'a 'oku ne lea'aki, 'oku ne fakamo'oni'i 'a e mo'oni 'o e fekau pea 'oku ongo ki he loto 'o e kakai 'i he taimi pe ko ia.

Ko e 'uhinga ia na'a mau fakaafe'i ai 'a Richard ke lea 'i he fakataha kotoa 'a e kakai tangata 'o e Promise Keepers. Ko e ola ki he tokolahi na'e fu'u matu'aki fonu ivi pea mo liliu mo'ui.

'Ko e Tapuaki' ko ha me'a ke ne kakapa atu 'o ne puke'i

'a e loto 'o e kakai tangata 'i he ngaahi fakataha 'a e Promise Keepers. Na'e 'i ai 'a e fu'u tali lelei ki he ako mahu'inga ko 'eni – ko e tapuaki, ko e kelesi pea mo e ivi 'o e 'lea lelei' (good speaking). Tokolahi 'o e kakai tangata na'e 'ikai pe ke nau ma'u 'a e tapuaki pe foaki atu ki ha ni'ihi kehe. Hili 'a e fanongo ki he fekau 'a Richard pea lau 'a e ki'i tohi ni, na'a nau tali 'a e ivi lahi 'o e tapuaki pea na'e fakateunga 'akinautolu ke tapuaki'i 'a e kakai kehe 'i he huafa 'o e Tamai mo e 'Alo pea mo e Laumalie Ma'oni'oni.

'Oku ou fakaongo lelei atu 'a Richard pea mo e tohi ni *The Awesome Power of Blessing* ko ha founga ivi'ia ke faka'ata 'a e tapuaki kakato 'a e 'Otua 'i hotau ngaahi famili, ngaahi komiuniti pea mo hotau fonua.

Paul Subritzky
Talekita Fakafonua Malolo, Promise Keepers
'Aokalani, Nu'usila

KO E FAKAFE'ILOAKI

'Oku tau fiefia ma'u pe ke tau fanongo ki ha ngaahi ongoongo fakafiefia – pea 'oku toe 'amu ange kapau ko kita 'oku tala 'a e ongoongo ko ia!

Ko e momeniti ne u a'usia ai 'a e mahu'inga 'o e foaki tapuaki, na'e hange 'eku ongo'i ko e tangata 'i he Tohitapu na'a ne ma'u 'a e koloa fuufuu 'i ha ngoue'anga. Na'a ku vekevekemu'a ke vahevahe 'a 'eku ngaahi fakakaukau mo e ngaahi a'usia pea mo Faifekau Geoff Wiklund pea na'a ne kole mai ke u lea mu'a 'i he 'apitanga 'a e kakai tangata 'o hono siasi 'i Fepueli 2015. Na'e fu'u 'ilonga 'a 'enau ongo'i 'a e mahu'inga 'o e me'a na'a ku vahevahe, ne nau fie ma'u ke toe vahevahe ki he siasi fakalukufua.

'I he taimi ne u lea ai ki he siasi na'e 'i ai 'a Faifekau Brian France 'o e Charisma Christian Ministries pea mo Paul Subritzky 'o e Promise Keepers NZ. Ko e ola 'o e 'aho ko ia na'e fakaafe'i ai au ke u toe vahevahe 'i he

Charisma 'i Nu'usila pea mo Fisi kae 'uma'aa 'a e kakai tangata 'i he Promise Keepers. Tokolahi ne nau to'o 'a e koloa ni 'o kamata leva ke nau fakahoko, pea na'e ha mai 'a e ola matu'aki lelei 'aupito. Na'e 'i ai 'a e ni'ihi na'a nau fakalea'aki 'a e te'eki ai pe ke nau fanongo ki he ako ko 'eni feka'uaki mo e tapa 'e taha koeni 'o e Pule'anga 'o e 'Otua.

Na'e fu'u matu'aki vave 'aupito 'a e totolo 'a e fakahoko 'o e fai 'o e Tapuaki. (Na'e 'ikai koaa ke pehe 'e he 'Otua, 'Ko e me'a'ofa 'a e tangata 'oku faka'ataa hono hala'?) Faka'osi'osi 'o e ta'u 2015, ne u 'alu ai mo Faifekau Geoff ki Kenya mo Uganda pea na'a ne lea ai ki he lau teau 'o e kau faifekau na'a nau 'i ai 'i he fakataha na'e ui ko e Fakatahataha 'a e kau Seniale. Ko e fakataha ni 'oku fakata'u koe'uhi ko e kau fakataha ko 'enau ha'u ke ma'u tokoni mo langa hake fakalaumalie, pea na'e ongo'i 'e Geoff 'e tokoni lahi kiate kinautolu 'a 'eku ako ki he fai tapuaki, pea na'e a'u pe 'a e taumu'a ko ia. Na'e 'ikai ngata 'i he kau faifekau ka ko e kakai kehe ne nau lea 'i he Fakataha ko 'enau ha'u mei 'Amelika, 'Aositelelia pea mo 'Afilika Tonga na'a nau fakalotolahi'i au ko e fekau mahu'inga 'oku ou talaki pea 'oku totonu ke a'u atu ki ha kakai tokolahi ange.

Na'e 'ikai foki ke u fie ma'u ke 'ai ha'aku uepisaiti, pe toe fa'u ha tohi loloto mo loloa koe'uhi he 'oku 'osi 'i ai 'a e ngaahi tohi lelei 'aupito 'oku 'i he maketi 'o e fa'u tohi. Ko e fekau 'o e fai tapuaki 'oku fu'u faingofua 'aupito – toe faingofua ange hono fakahoko – pea na'e 'ikai te u fie ma'u ke mole 'a e faingofua, ki ha toe me'a 'oku fihifihi – ko e 'uhinga ia 'o e ki'i tohi ko 'eni.

'Oku ou hiki hangatonu 'a e ngaahi lea mei he ngaahi tohi ko 'eni ko e, *The Power of Blessing* fa'u 'e Kerry Kirkwood, *The Grace Outpouring: Becoming a People of Blessing* fa'u 'e Roy Godwin mo Dave Roberts, *The Father's Blessing* fa'u 'e Frank Hammond, mo e *The Miracle and Power of Blessing* fa'u 'e Maurice Berquist. 'Oku ou tui pe kuo u to'o mai, pea u ako mei he ngaahi tohi 'a e kakai kehekehe 'i he ngaahi ta'u lahi, pea na'a nau tokoni hono kotoa pe kiate au.

Ko e fakahoko 'o e fai tapuaki te ne faka'ataa kakato 'a e founga fo'ou 'o e mo'ui ki ha toko taha 'oku ne fai ki ai. 'Oku ou tapuaki'i 'a e kakai he taimi ni 'i he meimei 'aho kotoa pe – kakai tui faka-Kalisitiane pea mo e kau ta'e tui – kakai 'i he ngaahi falekai, hotele, ngaahi loki talitali, 'io 'o a'u pe ki he kakai 'oku nau lue holo he hala. 'Oku ou tapuaki'i 'a e ngaahi 'api 'oku tauhi ai 'a e fanau li'ekina mo e kau ngaue ai, pea mo ha setuata fefine 'i he vakapuna, ngoue'anga fua'i'akau, ngaahi monumanu, ngaahi kato pa'anga, ngaahi pisinisi, mo kinautolu 'oku 'i ai honau mahaki tauhi. Kuo u a'usia foki 'a e tangi halotulotu 'a e kakai lalahi tangata mo fefine 'i he taimi ne u tuku atu ai 'a e tapuaki fakatamai kiate kinautolu.

'Oku ou fakatokanga'i ko e taimi 'oku ou lea atu ai ki ha kakai ta'e tui 'Otua 'o pehe atu "E sai pe ke u tapuaki'i koe/ho'o pisinisi/ho'o nofo 'api etc?' 'Oku nau ongo'i fiemalie ange ai 'i ha'aku pehe atu, "E sai pe ke u lotu ma'au?' Ko e founga eni ne u fakahoko ki he taha 'o e memipa 'a hoku famili pea ko hono ola na'a ne tali ai 'a e ivi 'ofa mo fakahaofi 'o Sisu Kalaisi hili ia 'a e ngaahi ta'u lahi 'o 'ema ta'efemahino'aki.

Taimi lahi 'oku 'ikai ke u mamata ki he ola, ka kuo u 'osi mamata taa tu'o lahi pea u 'ilo 'oku liliu mo'ui 'a e fai 'o e tapuaki. 'Io, 'oku ne liliu ai pe foki mo 'eku mo'ui 'a'aku.

Ko e natula 'o e 'Otua ke tapuaki pea ko e 'uhi na'e

fakatupu kitautolu 'i Hono 'imisi ko ia ai, 'oku 'i hotau DNA fakalaumalie foki. 'Oku tatali 'a e Laumalie Ma'oni'oni ki he kakai 'a e 'Otua ke nau laka atu ki mu'a 'i he tui, pea 'i he mafai ne ikuna'i 'e Sisu Kalaisi ma'a nautolu koe'uhi, ke liliu faka'aufuli 'enau ngaahi mo'ui.

'Oku ou 'ilo pau 'e tokoni lahi 'a e ki'i tohi ni kiate koe. Na'e 'ikai ke tuku kitautolu 'e Sisu ta'e 'i ai ha tau ivi. Ko e lea 'aki 'a e ngaahi tapuaki 'i he tukunga kehekehe kotoa, ko ha kelesi fakalaumalie ne li'ekina, ka ko ha toki me'a mahu'inga 'eni ke ne liliu ho'o mo'ui.

Fakatauange ke ke fiefia 'i he ki'i tohi ni.
Richard Brunton

KONGA 'ULUAKI:

Ko e ha koaa 'a e 'uhinga 'o e tapuaki?

KO E VAVANGA

Ko hoku uaifi ko Nicole pea ko 'ene ha'u mei Niu Kaletonia, pea na'e pau leva ia ke u ako 'a e lea faka-Falanise mo tuku ha ngaahi taimi lahi ke ma 'alu 'o nofo ki Noumea. Neongo ko Niu Kaletonia ko e fonua Katolika, na'e 'ikai fu'u fuoloa kuo u fakatokanga'i ko e kakai tokolahi 'i he fonua, 'oku nau kei fetu'utaki pe mo e ngaahi 'laumalie 'o e fakapo'uli', lolotonga ia 'a 'enau o ki he lotu 'i honau ngaahi siasi. Na'e 'ikai ko ha fu'u me'a ki he kakai ke nau ma'u fale'i mei ha toko taha fai pele mo ha toko taha fai vavalo koe'uhi, na'e 'ikai mahino kiate kinautolu 'oku nau ma'u fale'i mei he laumalie fakataulatevolo.

'Oku ou manatu'i 'a e 'aho ne ma o ai mo hoku uaifi ki he ki'i fefine ta'u uofulu nai 'a ia na'a ne 'alu ki he taha 'o e ngaahi 'fai fakamo'ui mahaki', ka na'a ne fakaiku ki he 'api 'oku tauhi ai 'a e kakai 'oku hee honau 'atamai. Na'e tala kiate au ko e Kalisitiane 'a e ki'i fefine ni, ko ia ai ne u kapusi 'a e ngaahi laumalie fakatevolo mei ai, 'i he huafa 'o Sisu Kalaisi. Na'e lotu foki pea mo e patele Katolika pea 'i he 'ema ngaue fakataha na'e fakatau'ataina'i fakalaumalie pea faka'ataa 'a e ki'i fefine mei he 'api ne tuku ai.

Tokolahi ne nau nofo'aki 'a 'enau tui ki he lotu faka-Katolika ka na'e kei tu'u holo pe 'a e ngaahi tamapua 'o e fanga ki'i 'otua kehekehe. Na'e 'i ai 'a e tangata na'a ma fe'iloaki na'e palopalema ma'u pe 'i he mahaki langa kete. 'Aho 'e taha ne u fakalea ki ai 'oku ou tui kapau te ne to'o 'o faka'auha 'a e fu'u tamapua 'o Puta (Buddha) na'e tu'u 'i mu'a 'i hono fale pea na'e ulo 'i he taimi po'uli – 'e 'osi 'a e palopalema 'o e langa kete meiate ia. 'Ikai ngata 'i he tamapua Puta ka na'e toe tanaki 'a e fanga ki'i tamapua ne fie ma'u ke toe faka'auha. Na'e 'ikai ke ne tali 'a e fakakaukau, 'e lava fefe 'a e ngaahi me'a 'mate' ko 'eni ke nau kau ki he'ene puke? Ne u toe fe'iloaki mo e tangata ni hili ha ngaahi mahina, pea u fehu'i ki ai pe 'oku fefe hono kete. Ko 'ene tali 'eni, 'Ne u fai ki ho'o fale'i 'o faka'auha 'a e tamapua Puta pea ko e taimi ni kuo sai 'a 'eku fa'a langa kete.'

Na'e 'i ai 'a e 'aho 'e taha na'e fai mai ai 'a e kole ke u

'a'ahi ki he 'api 'o e fefine na'e puke 'i he kanisa. Ki mu'a pea kamata ke u lotu na'a ku fokotu'uange ke nau to'o 'a e ngaahi tamapua 'o Puta 'i honau lotofale, pea na'e fai leva ia 'e he husepaniti 'o e fefine. 'I he'eku veteki 'a e fakamala'ia ne 'i he fefine 'aki 'a 'eku kapusi 'a e ngaahi tevolo ke nau mavahe 'i he huafa 'o Sisu, na'a ne fakamatala mai 'a 'ene ongo'i 'a e momoko teilo ne 'alu hake mei hono va'e 'o mavahe mei hono funga 'ulu.

Ko ia ai ko e puipuitu'a ia ne u pehe ai ke u fai ha ako fekau'aki mo e ngaahi 'fakamala'ia' (curses) ki he kulupu lotu na'e kamata'i 'e au mo hoku uaifi 'i homa 'api 'i Noumea. Ko e ako ni ne makatu'unga 'i he ngaahi tohi 'a e tangata ako Tohitapu 'iloa ko Derek Prince. Lolotonga 'a 'eku teuteu 'a e ako ni 'i he lea faka-Falanise ne u ako ai ko e fo'i lea ki he mala'ia ko e *malédiction* pea ko e fo'i lea ki he tapuaki ko e *bénédiction*. Ko e tefito'i 'uhinga 'o e ongo fo'i lea ni, ko e 'lea kovi' pea mo e 'lea lelei'.

'I he'eku fakafehoanaki 'a e mala'ia mo e tapuaki, 'oku hange koee 'a e lea fakamala'ia 'oku faka'uli'ulilaatai, mafasia mo fakatu'utamaki, pea hange 'a e lea tapuaki 'oku ngali ma'ama'a mo anga-maluu. Na'a ku fa'a fanongo ki he ngaahi ako fekau'aki pea mo e mala'ia, ka na'e te'eki ai ke u fanongo ki ha ako 'i he tapuaki. Na'e te'eki ai foki ke u fanongo ki ha taha 'oku ne tapuaki'i fakamaatoato ha taha kehe pea ha mai hano ola. Ko 'eku fa'a fanongo pe ki he tapuaki faka-Kalisitiane 'i he lea pehe, 'Ke tapuaki'i koe', pe 'i ha taimi 'oku mafatua ai ha taha, pe ko e tohi'i 'a e lea 'Ke tapuaki'i koe', 'i he faka'osi 'aki ha tohi pe 'imeili… hange ha fai anga maheni pe.

Ko e ongo fo'i lea koee ko e 'malediction', 'a ia ko e lea kovi mo e 'benediction', 'a ia ko e lea lelei, 'oku 'i ai 'a e ivi 'i he ongo fo'i lea ni ka 'i he kau mai 'a e 'Otua 'oku toe ivi lahi ange 'a e benediction 'a ia ko e lea lelei!

Ko e fo'i 'ilo fakalaumalie ko 'eni, te tau toki hoko atu ki ai 'amui, he na'e langa'ia ai 'a e hala kinikini ki he *ivi* 'o e tapuaki.

KO E IVI 'O 'ETAU LEA

'Oku lahi 'a e ngaahi tohi lelei 'oku nau fakamatala 'a e ivi 'o 'etau ngaahi lea, ka 'oku ou fie 'oatu 'e au 'a e fakama'opo'opo 'o e me'a 'oku ou tui 'oku mahu'inga 'aupito 'i he 'elia ko ia.

'Oku tau 'ilo ko e:

> *Ko e mate mo e mo'ui 'oku puke 'e he 'elelo:*
> *Pea ko ia 'oku mamafa ki ai te ne kai hono fua.*
> *(Palovepi 18:21)*

'Oku fa'oaki 'a e ivi lahi 'i he lea – ko e lea faka'amanaki mo langa hake, pe fakalotosi'i mo holoki. Taimi kotoa 'oku tau lea ai (na'a moe ongo 'o 'etau ngaahi fo'i lea, 'oku ne tanaki 'a e 'uhinga 'o e fo'i lea 'oku te lea 'aki), ko ia ai 'oku tau lea 'aki 'a e lea mo'ui pe mate kiate kinautolu 'oku fanogo mai. Ka 'oku tau 'osi 'ilo pe ia 'e kitautolu:

> *He ko e talanoa 'a e ngutu 'oku mei he me'a 'i he loto 'oku hulu atu. Ko e tangata lelei 'oku ne laku atu 'a e me'a 'oku lelei mei he koloa lelei kuo fa'o ai: pea ko e tangata kovi 'oku ne laku atu 'a e me'a 'oku kovi mei he koloa kovi kuo fa'o ai. (Matiu 12:34-35)*

Ko ia ai, 'oku mahua mai mei ha loto fakaanga 'a e ngaahi lea fakaanga, pea mei ha loto fie ma'oni'oni 'oku mahua mai 'a e lea fai fakamaau, mei ha loto ta'ehounga 'a e lea hanu mo e launga, pea mei ha loto fa'a holi fakakakano (lustful) 'oku ha 'a e fua fakakakano. 'Oku fonu 'a mamani 'i he ngaahi lea ta'emalava pea 'oku hua'i mai ia 'e he mitia faka'aho. Ko e natula fakaetangata 'oku ngaofe ma'u pe ki he lea holoki feka'uaki mo ha kakai pe ngaahi tukunga 'oku hoko. 'Oku tau tatali ma'u pe ke pekia ha taha pea tau toki lea lelei feka'uaki mo e pekia. Manatu'i ko e 'koloa lelei' 'oku mahua mai mei he loto fonu he 'ofa, pea mei he loto fonu melino, 'oku mahua mai e fefakalelei'aki.

Ko e fakalea koee, 'pea ko ia 'oku mamafa ki ai te ne kai hono fua' 'oku ne talamai te tau utu 'a e me'a 'oku tau too – pe 'oku lelei pe kovi. Ko ha toe fakalea 'e tahaa, teke ma'u pe 'a e me'a 'oku ke lea 'aki. Ko e ha ha'o fakakaukau ki ai?

'Oku mo'oni 'a e fakalea ni ki he fa'ahinga 'o e tangata, 'o tatau ai pe pe 'oku nau ma'u 'a e tui faka-Kalisitiane pe 'ikai, he 'oku lava pe ke lea ha Kalisitiane pe ta'e-Kalisitiane 'o lea 'aki ha ngaahi lea fakamo'ui pe langa hake 'o hange ko e lea ko 'eni, 'Foha, ko e ki'i hati lelei 'eni kuo ke langa, te ke lava pe he kaha'u 'o hoko ko ha 'akiteki lelei.'

Ko ha Kalisitiane 'osi fanau'i fo'ou 'oku ne ma'u ha loto fo'ou pea 'oku pehee 'e he Tohitapu 'i he 2 Kolinito 5:17 'ko e matu'aki fakatupu fo'ou ia.' Ko ia ai 'oku totonu ke lahi ange 'etau lea lelei 'i he lea kovi. 'Oku faingofua 'aupito ke tau ngaofe ki he lea tuku hifo 'okapau he'ikai ke tau tokanga'i 'a hotau loto mo 'etau ngaahi lea. Ko e kamata pe ke ke fakatokanga'i 'a ho'o ngaahi lea, te ke fu'u 'ohovale 'aupito 'i he lahi 'a e lea tuku hifo 'a e kau Kalisitiane feka'uaki mo kinautolu pe kae 'uma'aa 'a e kakai kehe. Tau toe vakai ki ai 'a nai ange.

MEI HE LEA LELEI KI HE FAI TAPUAKI: KO HO TAU UI IA

'I he taimi 'oku ngaue ai 'a e laumalie 'o e 'Eiki 'i he'etau mo'ui fakafo'ituitui 'oku 'ikai ngata pe 'i he lea lelei, kaa te tau lava 'o fakahoko 'a e ngaahi tapuaki ki ha kakai pe ko ha fa'ahinga tukunga pe, he 'oku ui kitautolu ke tau fai pehee. Na'a ko e tapuaki ko ho tau ui ma'olunga ia.

> *Ke mou uouonga taha, ke mou tau'aki kaunga-mamahi, ke mou fe'ofa'aki fakalotu, ke mou manava'ofa, ke mou angavaivai: 'o 'oua te mou totongi 'a e kovi 'aki 'a e kovi, pe ko e leakovi 'aki 'a e leakovi, kaekehe mou tapuaki'i; he na'e fakaului kimoutolu ki he me'a ko eni, ke to mo'omoutolu ha tapuaki. (1 Pita 3:8-9)*

'Oku ui kitautolu ke tau fai atu 'a e tapuaki pea ke tau tali 'a e tapuaki mai.

Ko e 'uluaki me'a 'a e 'Otua na'a ne lea 'aki kia 'Atama mo 'Ivi ko e tapuaki:

> *Pea tapuaki'i 'akinaua 'e he 'Otua, pea na'e folofola kiate kinaua 'e he 'Otua, 'o pehe, 'Mo fakatupu, mo fakatokolahi, mo fakafonu 'a mamani, pea ikuna ia…' (Senesi 1:28)*

Na'e tapuaki'i kinaua 'e he 'Otua ke na fakatupu. Ko e tapuaki ko e taha ia 'o e 'ulungaanga 'o e 'Otua – ko e me'a ia 'oku Ne fai! Pea hangee pe ko e 'Otua 'oku tau ma'u foki 'a e mafai mo e ivi ke tau tapuaki'i 'a e kakai kehe.

Na'e fai tapuaki foki mo Sisu. Ko e ngaue fakamuimui na'a Ne fai 'i he lolotonga hono fakaha'ele hake ki hevani ko e tapuaki'i 'Ene kau tisaipale:

> *Pea Ne taki atu kinautolu 'o a'u ki Petani; pea Ne mafao atu Hono ongo nima kiate kinautolu, 'o Ne tapuaki'i kinautolu. Pea 'iloange, lolotonga 'Ene tapuaki'i kinautolu, ne mavahe la meiate kinautolu, 'o tukutuku hake ki langi. (Luke 24:50-51)*

Ko Sisu 'a hotau taasipinga pea na'a Ne talamai ke tau fai 'a e me'a tatau pe 'oku Ne fai 'i Hono huafa. Na'e ngaohi kitautolu 'e he 'Otua ke tau fai mo lea 'aki 'a e tapuaki.

KO E HA 'A E TAPUAKI FAKA-KALISITIANE?

'I he Fuakava Motu'a ko e lea 'tapuaki' ko e faka-Hepelu ia 'o e lea *barak* pea ko hono 'uhinga pe 'ona 'ke lea 'aki 'a e fakakaukau 'a e 'Otua'.

'I he Fuakava Fo'ou, ko e lea 'tapuaki' ko hono 'uhinga faka-Kalisi ia 'o e lea ko e *eulogia*, 'a ia 'oku ma'u mei ai 'a e fo'i lea 'eulogy'. Ko ia ai ko hono 'uhinga, 'ke lea lelei 'aki' pe 'lea 'aki 'a e fakakaukau mo e 'ofa 'a e 'Otua' ki ha taha.

Ko e faka'uhinga 'eni 'o e tapuaki te u ngaue'aki 'i he tohi ni. Ko e tapuaki 'oku ne fakalea mai 'aki 'a e fakakaukau mo e 'ofa 'a e 'Otua 'i ha taha mo ha fa'ahinga tukunga pe 'o e mo'ui.

'Oku fakangatangata 'a e ngaue 'a e 'Otua 'i mamani ki he ngaahi me'a te Ne lava 'o vaka mai 'i Hono kakai, pea ko ha toki founga poto faka-'Otua ia, 'ine?

Ko e founga 'eni 'oku Ne 'omai ai Hono pule'anga ki mamani. Ko ia ai, 'oku Ne fie ma'u kitautolu ke fai 'a e tapuaki Ma'ana, 'io, 'oku lea 'a e Kalisitiane 'aki 'a e tapuaki 'a e 'Otua ma'a ha taha pe tukunga, 'i he huafa 'o Sisu. Ko 'eku fai pehee 'i he tui mo e 'ofa, pea 'oku paletu'a mai 'a e ivi 'o Hevani ki he me'a 'oku ou lea'aki pea 'oku ou 'amanaki 'e ngaue 'a e 'Otua ke liliu 'a e ngaahi me'a 'oku hoko, ke fakahoko ai Hono finangalo. 'I he'eku tapuaki'i ha taha 'i he 'ofa mo e tui, 'oku fakamalava ai ke fakahoko 'a 'Ene ngaahi palani ki he mo'ui 'a e toko taha ko ia.

'I he tafa'aki 'e taha, 'oku lava pe ke lea 'aki 'a e ngaahi taumu'a 'a Setane ki ha taha, pea na'a mo ia pe 'oku lea 'e fakahoko ai 'a e ngaahi ivi fakatevolo, 'a e palani 'a Setane ki he toko taha ko ia – 'a ia ko e kaiha'a, tamate'i mo e faka'auha. Kae fakafeta'i ki he 'Otua, 'oku pehe 'e he folofola,

Koe'uhi ko Ia 'oku 'iate kimoutolu 'oku ma'olunga 'iate ia 'oku 'i mamani (1 Sione 4:4).

Ko e uho 'o e finangalo 'o e 'Otua ke tapuaki – 'io, ko Hono natula ia! Ko e finangalo 'o e 'Otua ke tapuaki 'o ope atu pea 'oku 'ikai ha me'a ke malava ke ta'ofi ia he 'oku Ne vivili ke tapuaki'i 'a e fa'ahinga 'o e tangataa, 'io, 'oku Ne 'unaloto ke ma'u 'e Sisu 'a e ngaahi tokoua pea mo e tufaafine. Ko kitautolu ia! Neongo 'a e finangalo 'a e 'Otua ke tapuaki'i 'a e fa'ahinga 'o e tangata 'oku Ne 'unaloto lahi ange ke fai 'e Hono kakai 'a e fetapuaki'aki.

'I he'etau fai 'a e tapuaki 'i he huafa 'o Sisu, 'oku 'i ai 'a e Laumalie Ma'oni'oni, koe'uhi he 'oku faka'ata mai 'a e me'a 'oku fai 'e he Tamai – 'io, 'oku tau lea'aki 'a e ngaahi fo'i lea 'oku finangalo 'a e Tamai ke fakahoko. 'Oku ou ofoofo ma'u pe 'i he fo'i mo'oni ko 'eni. 'I he'eku tapuaki'i ha taha, 'oku kau mai ai 'a e Laumalie Ma'oni'oni he 'oku Ne alasi 'a e toko taha ko ia, pea 'oku fakatau'ataa'ina'i 'a e 'ofa, pea kamata liliu 'a e ngaahi tukungaa. Taa tu'o lahi 'a e fakafe'iloaki mai 'a e kakai 'oku nau tangi mafana mo pehe mai, "Oku 'ikai te ke 'ilo 'a e taimi tonu mo e ivi'ia 'a e vahevahe ko ia na'a ke fai', pe "Oku 'ikai te ke 'ilo 'a 'eku fu'u fie ma'u 'a e me'a na'a ke vahevahe mai.'

'Oku 'i ai e me'a mahu'inga 'aupito ke tau tokanga'i: 'oku tau fai 'a e tapuaki mei he tu'unga 'o 'etau vaaofi mo e 'Otua pea fakahoko mai mei ai 'a e tapuaki. Ko hotau vaa fakalaumalie mo e 'Otua 'oku fu'u mahu'inga. Ko 'etau lea ko 'Ene lea ia pea 'oku pani ia 'aki Hono ivi ke fakahoko 'aki 'Ene taumu'a ki he toko taha ko ia, pe ko e tukunga ko ia. Tau ki'i tu'u si'i hifo 'o toe vakai…

KO HOTAU MAFAI FAKALAUMALIE

'I he Fuakava Motu'a, na'e tu'u 'a e kau taula'eiki 'i he vaha'a 'o e 'Otua mo e kakai 'o lea 'aki 'a e ngaahi tapuaki kiate kinautolu.

Ko e anga eni 'o ho'omou fai 'a e tapuaki 'o ha'a 'Isileli; te mou pehe kiate kinautolu:

Ke tapuaki'i mai koe 'e Sihova, mo ne tauhi'i!
Ke fakaulo mai 'e Sihova Hono fofonga
kiate koe, mo Ne 'alo'ofa!
Ke hangai fofonga mai 'a Sihova kiate koe,
mo Ne 'atu 'a e melino!

Koe'uhi ke nau 'ai Hoku hingoa ki ha'a 'Isileli, Kau tapuaki kinautolu 'e Au. (Nomipa 6:23-27)

'I he Fuakava Fo'ou 'oku ui ai kitautolu kau Kalisitiane ko e:

> *ka ko kimoutolu ko e ha'a fili, ko e tu'unga taula'eiki fakatu'i, ko e kakai tapu, ko e fa'ahinga 'oku ma'ane me'a tonu, koe'uhiaa ke mou ongoongoa atu 'a e ngaahi lelei 'o 'Ene 'Afio, 'a ia na'a ne ui mai kimoutolu mei he po'uli ki he maama fakaofoa'ana. (1 Pita 2:9)*

Pea ko Sisu

> *…na'a ne ngaohi kitautolu ko e pule'anga, ko e ngaahi taula'eiki ki he 'Otua ko 'Ene Tamai… (Fakaha 1:6)*

'Aho 'e taha na'a ku tangutu 'o fakalaulauloto 'i Ouen Toro (Noumea) ko 'eku fekumi ki ha me'a ke u lea'aki ki he kulupu lotu. Ne u ongo'i 'oku pehe mai 'e he 'Otua, "Oku 'ikai te ke 'ilo 'e koe pe ko hai koe?' Hili ha ngaahi mahina: 'Peheange mai na'a ke 'ilo 'a e mafai 'oku ke ma'u 'ia Kalaisi Sisu, te ke lava 'o liliu 'a mamani.' Ko e lea ko 'eni ke fai 'aki 'a e tokoni ki he kulupu lotu, ne u toki fakatokanga'i hake ko e lea pe mo ia kiate au.

'Oku 'iloa 'i he siakale 'o e kau Kalisitiane, ko e lea hangatonu ki ha mahaki (ko ha 'mo'unga' Ma'ake

11:23) pea mo ha tu'utu'uni ke fakamo'ui 'oku 'aonga ange ia 'i he kole pe ki he 'Otua ke ne fai 'e ia (Maatiu 10:8, Ma'ake 16:17-18). Ko e me'a 'eni kuo u 'osi a'usia pea ko e a'usia 'eni 'a e tokolahi 'o e kakai 'iloa mo faka'apa'apa'i 'oku ngaaue 'i he fakamo'ui mahaki mo e kapusi tevolo. 'Oku ou tui ko e lea 'a Sisu 'oku 'uhinga ki he, 'fai 'e *koe* 'a e fakamo'ui mahaki ('i hoku huafa) 'oku 'ikai ko *'eku* ngaue ia, ko e ngaue ia *'a'au. Fai ia 'e koe*.'

'Oku fie ma'u 'e he 'Otua ke fakamo'ui 'a e mahaki pea 'oku Ne fai 'e ia 'o vaka mai 'iate kitautolu. 'Oku fie ma'u 'e he 'Otua ke vete ange 'a e ha'iha'isia 'o e mo'ui pea 'oku Ne fie ma'u ke vaka mai 'iate kitautolu. 'Oku fie ma'u 'e he 'Otua ke tapuaki pea 'oku Ne fie ma'u ke vaka mai 'iate kitautolu. 'E lava pe ketau kole ki he *'Otua* ke ne fai mai 'a e tapuaki, pe, 'e lava pe ke tau fai 'e kitautolu 'a e tapuaki 'i he huafa 'o Sisu Kalaisi.

'I he ngaahi ta'u kuo hili atu, 'oku ou manatu'i 'a 'eku 'alu ki he 'ofisi ki mu'a he taimi 'oku tonu ke ava ai, koe'uhi ke u tuku ha taimi ke tapuaki'i 'eku pisinisi. Na'a ku kamata 'a e tapuaki 'aki 'a e ngaahi lea ko 'eni, "Otua, tapuaki'i 'a e pisinisi Colmar Brunton.' Ne u ongo'i 'oku hange 'oku 'ikai ha me'a ia 'e hoko. Ne u liliu leva 'eku fakalea mei he, "Otua, tapuaki'i mu'a 'a e pisinisi Colmar Brunton' ki he:

Colmar Brunton, 'oku ou tapuaki'i koe 'i he huafa 'o e Tamai mo e 'Alo pea mo e Laumalie Ma'oni'oni. 'Oku ou tapuaki'i koe 'i 'Aokalani, pea 'oku ou tapuaki'i koe 'i Uelingatoni, pea 'oku ou tapuaki'i koe 'i he ngaahi vahefonua. 'Oku ou tapuaki'i koe 'i he 'api ngaue pea 'oku ou tapuaki'i koe 'i 'api. 'Oku ou faka'ataa 'a e Pule'anga 'o e 'Otua ke ngaue 'i he feitu'u ni. Ha'u Laumalie Ma'oni'oni, 'oku talitali lelei koe 'i heni. 'Oku ou faka'ataa 'a e 'ofa, fiefia, melino, fa'a kataki, angalelei, lelei, angavaivai, anga falala'anga, anga fakama'uma'u mo e laumalie taha. 'I he huafa 'o Sisu, 'oku ou faka'ataa atu 'a e ngaahi fakakaukau mei he Pule'anga 'o e 'Otua ke lava 'o fai ha tokoni ki he'emau kau kasitomaa ke lavame'a pea ke tukunga leleiange 'a honau 'atakai. 'Oku ou faka'ataa 'a e laumalie fakatu'umalie 'i he feitu'u ngaue 'o 'emau kau kasitomaa. 'Oku ou faka'ataa 'a e laumalie fakatu'umalie 'i he feitu'u ngaue ko 'eni. 'Oku ou tapuaki'i 'a e visione ko 'eni ko e *Pisinisi Lelei, Mamani Lelei*'. 'I he huafa 'o Sisu, 'emeni.

Ne u ongo'i ke u ta'a e faka'ilonga kolosi 'i he matapa hu'anga pea ke u tapuaki'i ke malumalu 'a 'emau pisinisi 'i he ta'ata'a 'o Sisu Kalaisi.

'I he momeniti na'a ku liliu ai "Otua, tapuaki'i 'a e pisinisi Colmar Brunton' ki he "Oku ou tapuaki'i 'a e pisinisi Colmar Brunton, 'i he huafa 'o e Tamai mo e 'Alo pea mo e Laumalie Ma'oni'oni', ne u 'ongo'i 'a e pani 'a e 'Otua 'oku hifo mai kiate au – ne u ongo'i 'a e fakamo'oni 'i hoku loto, 'a e hoifua mai 'a e 'Otua kiate au. 'Oku hange koee na'a Ne pehe mai, 'Ko 'ena kuo ke a'u ki he me'a 'oku ou fie ma'u ke ke fai.' Neongo ko e taatu'o lahi 'a 'eku fai 'a e me'a ko 'eni ka 'oku ou ongo'i ma'u pe 'a e finangalo hoifua mai 'a e 'Otua ki he me'a 'oku ou fai. Pea ko e ha hono ola? Na'e liliu vave 'a e 'atimosifia 'o e 'ofisi, 'o a'u pe ki he talanoa 'aki 'e he kau ngaue mo 'enau ofoofo pe ko e ha 'a e me'a 'oku kehe. Ko e me'a fakaofo ia 'a e lava pe ke liliu 'a mamani 'i he fai 'o e lea tapuaki.

Na'e 'ikai ngata ai, he ko e pongipongi pe, 'i he te'eki ke 'alu ange kau ngaaue ki he 'ofisi, ne u 'alu mei he sea ki he sea 'o lotu ma'ae toko taha 'oku ha'ana 'a e sea, ke foaki ange ha poto ke lava'i 'a e ngaue 'o e 'aho ko ia, pea u tapuaki'i kinautolu 'aki 'a 'eku hilifaki nima 'i he sea mou tui ko e pani 'o e tapuaki 'e 'alu mei he sea ki he sino 'o e toko taha 'oku nofo ai faka'aho (Ngaue 19:12). Ko 'eku 'ilo pe ha fa'ahinga fie ma'u 'a ha taha 'oku fehangahanga mo ia, 'oku ou fai 'a e founga 'o e tapuaki ko 'eni.

'Oku ou manatu'i lelei 'a e toko taha ko hono anga maheni ko e fai 'ene kapekape 'aki 'a e huafa 'o e 'Otua. 'I he pongipongi 'e taha, ne u hilifaki nima ai hono sea 'o ha'iha'i 'a e laumalie kapekape, 'i he huafa 'o Sisu Kalaisi. Na'e ki'i tu'o lahi 'a 'eku fefa'uhi pea mo e laumalie 'uli ko 'eni, pea 'alu pe 'a e 'aho, kuo 'ikai toe 'asi mai 'a e kapekape mei he tangata ko 'eni.

'Oku ou toe manatu'i 'a e tangata na'e ha'u kiate au ke ma lotu mu'a ke hanga 'e he 'Otua 'o 'ave ia mei he'ene ngaue'anga, koe'uhi ko e kakai 'oku nau ngaue 'oku nau kapekape he taimi kotoa pe. Na'e 'ikai ke fakamo'oni ki hoku laumalie 'a e me'a na'a ne kole, he naʻe tuku ʻa e tangata ko ia ke ne tapuakiʻi ʻa e fale ngaue, pea ke liliu ʻa hono ʻatimosifia! ʻIo, ʻoku malava ke tau liliu ʻa hotau ʻatakai ʻi mamani.

Neongo ʻa e finangalo ʻa e ʻOtua ke tapuakiʻi ʻa e faʻahinga ʻo e tangata, ka ʻoku ʻamuange ʻEne finangalo mai kiate kitautolu – Hono kakai, ʻEne fanau – ke nau fai ʻenautolu ʻa e tapuakiʻi ʻo e faʻahinga ʻo e tangata. ʻOku ke ʻosi maʻu ʻa e mafai fakalaumalie ko ia ai, *fai ʻe koe ʻa e tapuaki!*

ʻOku fie maʻu ʻe he Tamai ʻi Hevani ke tau *kaunga ngaue* mo la ʻi Heʻene ngaue huhuʻi. ʻOku malava ke tau tapuakiʻi ʻa e faʻahinga ʻo e tangata ke fakamoʻui mahaki mo veteange mei he moʻui haʻihaʻisia, ka ʻoku malava pe ke tau tapuakiʻi ʻa e faʻahinga ʻo e tangata ʻaki ʻa ʻetau ngaahi lea. Ko kitautolu ʻa e kakai ʻoku ngaueʻaki ʻe he ʻOtua ke tapuakiʻi ʻa mamani. Ko ha toki monu ka ko ha monu ʻa e fatongia kuo tuku mai!

Kiate au, ko e tapuaki, ko e lea ʻaki ʻa e ngaahi taumuʻa ʻa e ʻOtua ki he moʻui ʻa e kakai, pe ko ha faʻahinga tukunga pe, ʻaki ʻa e ʻofa, loto ʻataʻataa kae ʻumaʻaa ʻa e mafai mo e ivi ʻoku fonu Laumalie Maʻoniʻoni. Ko ha toe 'ai mahino ange, ko e tapuaki ko ha ngaue 'i he tui, ke talaki 'a e taumu'a 'a e 'Otua ki he toko taha ko ia. Ko 'etau talaki 'a e taumu'a 'a e 'Otua, 'oku tau tuku atu 'a e mafai ke liliu 'a e tukunga lolotonga, ki he tukunga 'oku Ne finangalo ke hoko mai.

Manatu'i – 'oku tapuaki'i kitautolu koe'uhi, he 'oku tau fai 'a e tapuaki.

KONGA UA:

Founga ke fai

NGAAHI TEFITO'I MO'ONI MAHU'INGA

Tauhi 'a e mo'ui lea ma'a

'Oku to mai mei he ngutu pe taha, 'a e fakamalo mo e tutuku'i. Si'oku kainga, 'oku 'ikai totonu ke pehe ha me'a. (Semisi 3:10)

Pea kapau te ke tatala 'a e mahu'inga mei he efe, te ke hoko 'o hange ko hoku ngutu. (Selemaia 15:19)

Kapau 'oku ke fie lea 'aki 'a e taumu'a 'a e 'Otua ki he kakai, 'oku fie ma'u leva ke 'oua te ke lea 'aki 'a e ngaahi lea 'oku 'ikai hano mahu'inga.

Kole ki he laumalie ma'oni'oni pe ko e ha 'a e me'a ke ke lea 'aki

Ue'i ho laumalie ('i he hu pe leakehekehe). Kole ki he

Laumalie Ma'oni'oni ke ne tokoni'i koe ke 'oatu kiate koe 'a e 'ofa 'a e Tamai ma'ae toko taha 'oku ke fie ma'u ke tapuaki'i. Lotu hange ko 'eni:

Tamai, ko e ha ho finangalo ki he me'a ke u lea 'aki? Fakamolemole ka ke 'omai 'a e lea 'o e tapuaki ma'ae toko taha ko 'eni. Ko e ha e founga ke u fai, ke fakalotolahi mo fakafiemalie'i 'a e toko taha ko 'eni?

Ko e faikehekehe 'o e tapuaki pea mei he lotu hufia

Tokolahi e kakai 'oku faingata'a kiate kinautolu ke nau ako ke lea 'aki 'a e ngaahi tapuaki. He 'oku nau kamata 'aki 'a e 'lotu hufia' ke hufaki 'o kole ki he Tamai ke ne fai 'a e tapuaki. Neongo ko e me'a lelei pe 'eni ke fai, he ko e lea 'aki 'a e tapuaki 'i he founga ko 'eni, 'oku ui ia ko e lotu, pea 'oku matu'aki mahu'inga ke 'ilo'i 'a e fai kehekehe. Ko e lea 'aki pe ko e tuku 'a e ngaahi tapuaki, 'oku 'ikai totonu ke ne fetongi 'e ia 'a e lotu (prayer) mo e lotu hufia (intercession), ka ko e tanaki atu pe 'a e tapuaki kiate kinaua pea 'oku totonu ke fai fakataha.

'Oku mahu'inga malie 'eni 'i he tohi ko e, *The Grace Outpouring* fa'u 'e Roy Godwin pea mo Dave Roberts:

Ko 'etau fai 'a e tapuaki, 'e leleiange ke tau fakamama'u hangatonu ki he toko taha 'oku tapuaki'i, 'o lea kiate ia 'aki ha lea hange ko 'eni, "Oku ou tapuaki'i koe 'i he huafa 'o e 'Eiki, pea ke nofo'ia koe 'e he kelesi 'a e 'Eiki ko Sisu Kalaisi. 'Oku ou tapuaki'i koe 'i he huafa 'o e Tamai pea ke kapu koe 'e he'ene 'ofa, 'o fakafonu koe ke ke 'ilo ta'eveiveiua 'i ho loto 'a e kakato 'o 'Ene tali fiefia koe.'

Fakatokanga'i ange ko 'koe' 'oku ke fai 'a e tapuaki 'i he huafa 'o Sisu Kalaisi, ki he toko taha 'oku tu'u 'i mu'a 'iate koe. 'Oku 'ikai ke u lotu ki he 'Otua ke ne fai 'e ia 'a e tapuaki, ka ko 'eku lea 'aki 'a e tapuaki 'i he mafai 'o Sisu, na'a ne foaki mai ke fai 'aki 'a e ngaue ki he kakai, koe'uhi ke Ne toki hifo mai 'o fakahoko kakato.

'Oua 'e faifakamaau

'Oua 'e fai fakamaau pe 'oku taau 'a e toko taha ko ia pe

'ikai. Ko e tapuaki'i mo'oni, 'a 'ete lea ki ha toko taha, pe, ko ha fa'ahinga tukunga 'o fakamatala'i 'a e finangalo 'o e 'Otua ki he toko taha ko ia. Ko e fakamamafa 'a e 'Otua, 'oku 'ikai ko e tukunga 'o e momeniti ko ia, ka ko e me'a 'oku totonu ke tu'u ai 'a e toko taha ko ia, pe ko e tukunga totonu ke ne 'i ai.

Ko ha ki'i fakataataa pe'eni, na'e ui 'e he 'Otua 'a Kitione ko e *'to'a tete'e'* (Fakamaau 6:12) ka, ko e taimi ia ko ia na'e 'ikai pe ha fa'ahinga loto to'a ia 'ia Kitione! Na'e ui 'e Sisu 'a Pita ko e *'maka'* (Matiu 16:18) kimu'a ia 'oku te'eki ai ke ne malava 'o fua ha fa'ahinga palopalema 'a ha toe taha kehe 'oku tuku atu kiate ia. 'Oku pehe 'e he Folofola, *''a 'Ene 'Afio 'oku ne fakamo'ui hake 'a e pekia, mo ne lau 'a e ngaahi me'a 'oku 'ikai, 'o hange 'oku nau 'i ai'* (Loma 4:17). Kapau 'e mahino 'eni kiate kitautolu, te ne to'o 'a e vave ma'u pe ke tau 'fai fakamaau' pe 'oku tonu ke tapuaki'i 'a e toko taha ko ia.

Ko e kakai tokua 'oku 'ikai *fe'unga* ke tapuaki'i, ko e lahi ange ia 'a 'enau fie ma'u 'a e tapuaki. Ko e kakai 'oku nau tapuaki'i 'a e ni'ihi tokua 'oku 'ikai fe'unga ke tapuaki'i, 'e toe foki mai 'a e tapuaki 'o hulu ange kiate kinautolu.

Ko ha ki'i fakataataa 'eni

Tau pehee na'e 'i ai 'a e tangata ko Feleti na'e 'i ai hono palopalema ko e ma'u lahi e kavamalohi. Ko e uaifi 'o Feleti na'e 'ikai fiemalie ki he tukunga ko 'eni, ko ia ai na'a ne lotu 'aki 'a e ngaahi lea pehe ni: *"E 'Otua, tapuaki'i 'a Feleti pea ke ngaohi mu'a ia ke tuku 'ene inu kavamalohi, pea ke fanongo mai kiate au.'* Ka 'e toe ivi'ia ange kapau 'e lotu 'o hange ko 'eni:

> *Feleti, 'oku ou tapuaki'i koe 'i he huafa 'o Sisu. Fakatauange ke hoko 'a e ngaahi palani 'a e 'Otua ki ho'o mo'ui. Fakatauange ke ke hoko ko e tangata, ko e husepaniti mo e tamai na'e ngaohi koe 'e he 'Otua ki ai. 'Oku ou tapuaki'i koe ke ke ma'u 'a e fakatau'ataina kakato mei he ma'u koe 'e he kavamalohi. 'Oku ou tapuaki'i koe 'aki 'a e melino 'a Kalaisi.*

Ko e 'uluaki tapuaki, 'oku ha ai 'a e tuku 'a e palopalema ki he 'Otua. 'Oku ha ai 'a e fakapikopiko. 'Oku ha mei ai 'a e fai fakamaau mo e fiema'oni'oni, pea fai 'a e fakamamafa ki he ngaahi angahala 'a Feleti.

Ko e tapuaki hono ua, 'oku ha mei ai na'e fai 'a e

fakakaukau lelei 'o vaka 'i he 'ofa. 'Oku 'ikai ha fai fakamaau pea 'oku fakamamafa ki he ngaahi lelei 'a Feleti 'i he kaha'u, 'o 'ikai ki he tukunga 'o 'ene mo'ui 'i he lolotonga.

Na'a ku fanongo 'i he toko taha na'a ne pehe 'oku 'ilo 'e Setane 'a hotau ngaahi hingoa pea mo hotau kaha'u, ka 'oku ne ui kitautolu 'aki pe 'a 'etau ngaahi angahala, ka ko e 'Otua 'oku ne 'afio'i 'etau ngaahi angahala ka 'oku ne ui kitautolu 'aki hotau hingoa totonu pea mo e lelei te tau fai 'i he kaha'u. Ko e tapuaki hono ua, 'oku ne fakaha mai 'a e taumu'a mo e palani 'a e 'Otua, 'io, 'oku 'ata mai ai 'a e palani fakahaofi 'a e 'Otua. 'Oku ne 'ata mai 'a e finangalo ma'u pe 'a e 'Otua ke fakahaofi. Manatu'i, 'oku 'ofa 'a e 'Otua 'ia Feleti.

NGAAHI TUKUNGA KEHEKEHE 'O E MO'UI 'OKU TAU FEHANGAHANGAI MO IA

'Oku ou kei ako pe ki he tukunga ko 'eni 'o e mo'ui tapuaki. 'I he kamata'anga na'e 'ikai te u hanga 'o 'ilo pe 'oku anga fefe 'a e fai 'o e tapuaki, pea na'e 'ikai te u ma'u ha tokoni. Ne u kamata fakatokanga'i 'oku lahi 'a e fa'ahinga tukunga mo'ui 'oku kehekehe. Ko ia ai, 'oku ou fie 'oatu ha ngaahi fale'i tokoni kiate koe mo e me'a 'oku ke tui 'oku fie ma'u 'e he Laumalie Ma'oni'oni ke ke lea 'aki. Kuopau pe ke ke toutou fai, he 'oku mahu'inga 'aupito.

Tapuaki'i 'akinautolu 'oku nau lau'ikovi'i mo talatuki'i koe

Ngaahi ta'u lahi kuo hili na'e 'a'ahi ange ki hoku 'api 'a e taha 'o 'eku kaungaue ke ma kofi faka'osi, koe'uhi he na'a ne 'osi fakafisi mei he ngaue. Na'a ne tui ki he tui fakahe ko e New Age. Lolotonga 'ema talanoa na'a ne talamai ko e ongo kautaha na'e ngaue ai kimu'a, pea 'alu ange 'o ngaue kiate au ko 'ene nofo koee mei ai na'e mate 'a e ongo kautaha ko ia. Ko e taimi ko 'eni na'a ku kei fo'ou ki he mo'ui faka-Kalisitiane ka neongo ia ne u fakatokanga'i 'ene ngaahi lea, ko e lea fakamala'ia. Ne u ongo'i 'a e ki'i ilifia pea ha'u ki he'eku fakakaukau ke u faka'ikai'i pea ke 'oua te u tali 'ene ngaahi lea. Na'e 'ikai ke u fai ha tapuaki kiate ia. 'I he 'osi koee 'eku kole ange ke u fai ha lotu ma'ana na'e lava pe ke u lea 'aki 'eni:

> *Deborah ('oku 'ikai ko hono hingoa totonu 'eni), 'oku ou ha'iha'i mei ho'o mo'ui 'a e laumalie fakalou'akau. 'Oku ou tapuaki'i koe 'i he huafa 'o Sisu pea 'oku ou lea 'aki 'a e lelei 'a e 'Otua ma'au. Fakatauange ke fakahoko 'i ho'o mo'ui 'a e ngaahi taumu'a 'a e 'Otua… 'oku ou tapuaki'i 'a e ngaahi me'a 'ofa 'iate koe, fakatauange ke nau tapuaki'i ha pule ngaue kiate koe he kaha'u pea ke 'ave 'a e kololia ki he 'Otua. Fakatauange ke ke hoko ko e fefine lelei 'a e 'Otua 'aee na'a ne fakataumu'a mo ngaohi koe ki ai. 'I he huafa 'o Sisu Kalaisi, 'emeni.*

Ko e tapuaki'i 'akinautolu 'oku nau fakamamahi pe fakasitu'a'i koe

Ne u lotu ma'ae fefine na'e li'aki ia 'e hono husepaniti, pea na'e faingata'ia fakapa'anga. Ne u kole ange ki ai pe 'e lava ke ne fakamolemole'i hono husepaniti pea neongo na'e ki'i faingata'a kae malo pe na'a ne lava. Ne u toe 'eke ange kiate ia, pe te ne lava 'o tapuaki'i hono husepaniti, pea neongo ne 'ohovale ka na'a ne loto pe ke ne fakahoko. Na'e 'ikai 'i ai hono husepaniti. Na'e angimui mai 'a e fefine ki he ngaahi lea ko 'eni:

> *'Oku ou tapuaki'i koe 'e hoku husepaniti. Fakatauange ke fakahoko kakato ki ho'o mo'ui pea mo 'eta nofo 'api, 'a e katoa 'o e ngaahi palani 'a e 'Otua, pea ke kakato 'a e fua. Fakatauange ke ke hoko ko e tangata pea mo e husepaniti pea mo e tamai na'e ngaohi koe 'e he 'Otua ki ai. Fakatauange ke 'iate koe 'a e kelesi mo e hoifua 'a e 'Otua 'i he huafa 'o Sisu Kalaisi, 'emeni.*

Na'e ki'i faingata'a 'i he kamata, ka na'e hifo 'a e pani 'a e 'Otua ko e Tamai pea na'a ma fakatou tangi 'i he ngaue mai 'a e Laumalie Ma'oni'oni ki he fefine ni.

'Oku ou tui 'e hoko pehee pe ki hono husepaniti. Ko e founga 'a e 'Otua 'oku 'ikai ko 'etau founga.

Ko e tapuaki 'oku fai 'i he fa'ahinga tukunga pehe ni, 'oku malava pe 'i he loto to'a – mo e molumalu – 'io, 'o 'ata mai ai 'a e fotunga 'o Kalaisi.

'Oku 'i he uho 'o e finangalo 'o e 'Otua ke tapuaki'i 'akinautolu 'oku pehee 'oku 'ikai 'i ai ha'a nau totonu ki he tapuaki ko ia. Faka'utaange ki he tangata kaiha'a na'e kalusefai fakataha mo Sisu, pe ko e fefine na'e ma'u 'i he fe'auaki. Fefe 'a koe mo au?

Ko e tapuaki "oku 'ikai 'o e maama ko 'eni' pea 'oku fepaki ia mo e natula fakaetangata – he 'oku 'ikai ko ha me'a faingofua ke fai 'e ha taha 'oku 'i ha tukunga fakamamahi. Ka ko e founga ia 'a e 'Otua, pea 'oku lava 'o fakamo'ui 'a e toko taha 'oku ne fai 'a e tapuaki pea tatau pe ki he toko taha 'oku fai ki ai. Ko e tapuaki 'oku ne fakangata 'a e loto kona, loto sauni, loto mamahi mo e 'ita 'a ee 'oku ne maumau'i ho sino pea fakanounou ho'o mo'ui.

Ko 'eni ha 'imeili ne u toki ma'u mai meia Denis:

Mahina 'e tolu kuo hili ne u lea ai ki hoku tokoua 'i he telefoni neongo 'a e 'ikai ke ma fa'a feohi, he 'oku nofo mo ngaue ia 'i he kolo kehe.

'I he faka'osi'osi 'ema talanoa fiefia, ne u kole ki ai pe te ne faka'ataa au keu tapuaki'i 'ene pisinisi 'oku ne fakalele fakataha mo hono uaifi. Na'e 'ikai lelei 'ene tali mai pea na'e ita mai 'o ne lea mai 'aki 'a e ngaahi lea ne u mamahi ai pea u pehe pe kuo maumau homa va. 'I he ngaahi 'aho pe ngaahi uike ne hoko, ne u ngaue'aki 'a e ngaahi tefito'i mo'oni 'o e ivi fakaofo 'o e tapuaki mo e lea 'aki 'a e hoifua 'a e 'Otua ki he pisinisi 'a hoku tokoua. Taimi 'e ni'ihi 'oku ou lea 'aki 'a e tapuaki tu'o ua pe tu'o tolu 'i he 'aho. Hili 'a e mahina 'e tolu pea 'i he 'aho kimu'a 'i he kilisimasi ne telefoni mai hoku tokoua 'o hange pe na'e 'ikai hoko ha maumau. Ne u 'ohovale 'i he'ene talanoa fiefia 'o hange pe na'e 'ikai ke 'i ai ha maumau 'i homa vaa.

Ko e ivi fakaofo 'a e tapuaki 'o ha fa'ahinga tukunga, 'oku 'ikai ke te lava 'o pule'i, 'oku 'aonga lahi... fakafeta'i ki he 'Eiki!

Ko e tapuaki'i 'akinautolu 'oku nau fakatupu'ita kiate koe

Ko e taha 'i he ngaahi me'a fakatupu'ita lahi ki he ni'ihi 'o kitautolu, ko e fai 'e he kakai 'a e ngaue siokita, ta'efaka'atu'i mo matu'aki kaakaa 'i he fononga he hala. 'Oku hoko 'eni 'i he taimi kotoa. Ko e ngaahi taimi pehe ni 'oku mapuna hake ai 'a e ngaahi lea ta'e faka-Kalisitiane ki hoto 'atamai pea mahua mai kitu'a mei hotau ngutu ha ngaahi lea ta'etaau. Fakatokanga'i ange 'eni, 'oku tau lea kovi ki he toko taha na'e ngaohi 'e he 'Otua pea 'oku ne 'ofa foki ai. 'E malava pe foki ke malu'i 'e he 'Otua 'a e toko taha ko ia.

Ka toe hoko mai ha me'a tatau kiate koe, 'ahi'ahi ke ke tapuaki'i 'a e toko taha faka'uli ko ia, 'o 'ikai ke ke lea kaikaila mo 'ita:

> *'Oku ou tapuaki'i 'a e ki'i talavou ko 'eni, 'oku ne tu'usi hake 'ene me'alele 'i mu'a 'iate au. 'Oku ou lea 'aki Ho'o 'ofa 'e 'Otua ki he ki'i talavou ko 'eni, pea 'oku ou tuku atu 'a Ho'o lelei mo Ho'o ngaahi palani ki he'ene mo'ui. 'Oku ou tapuaki'i 'a e ki'i talavou ko 'eni, pea 'oku ou ui 'a e ngaahi lelei kotoa pe 'i he kaha'u ma'ana. Fakatauange ke ne*

a'u ki hono 'api 'i he malu mo'ui, pea ke ne hoko ko e tapuaki ki hono famili, 'i he huafa 'o Sisu Kalaisi, 'emeni.

Ko ha toe founga 'eni 'e taha:

'E Tamai, 'oku ou tapuaki'i 'a e toko taha faka'uli ko 'eni 'i he kaa ko 'ena, 'i he huafa 'o Sisu. Fakatauange ke tuli mui atu ho'o 'ofa 'o kapu ia!

'Oku 'i ai 'a e toko taha na'a ne 'o hake 'ene vakai ko 'eni:

'Oku ou fakatokanga'i ko 'eku fai 'a e tapuaki ni 'oku ne liliu au 'o hange ko 'eni, 'oku 'ikai ke u lava 'o tapuaki'i ha kakai ne nau fakatupu'ita mai kiate au, pe ne u lea mo fakakaukau hala kiate kinautolu, he 'oku hala ia. Ka 'oku ou fekumi ki he ngaahi ola lelei 'e fua mai mei he tapuaki...
– Jillian

Na'e 'i ai hoku kaume'a ko John na'a ne fakaafe'i mai au ke u lotu ma'ae maumau fakafamili ne hoko feka'uaki mo e koloa tukufakaholo. Ne 'ikai ngata pe 'i he fuoloa 'a e fakakikihi 'a e famili ka na'e 'alu pe taimi mo e tupulaki 'a e maumau. Ne u fokotu'u ange, ke liliu 'a 'emau founga lotu 'o lea 'aki 'a e ngaahi tapuaki pe, ki he me'a 'oku hoko.

> 'Oku mau tapuaki'i 'a e fakakikihi ko 'eni, fekau'aki mo e koloa tuku fakaholo ni, 'i he huafa 'o Sisu. 'Oku mau fakafepaki'i 'a e fakavahavaha'a, fetu'usi mo e feke'ike'i, ka 'oku mau faka'ataa 'a e fakamaau totonu 'oku potupotutatau mo e fefakalelei'aki. 'I he'emau tapuaki'i 'a e tukunga ko 'eni, 'oku tuku 'a 'emau ngaahi fakakaukau mo e ngaahi fie ma'u fakaekimautolu, pea 'oku mau tukuange ke fakahoko 'a e ngaahi taumu'a 'a e 'Otua ki he vahevahe totonu 'o e koloa tuku fakaholo ko 'eni. 'I he huafa 'o Sisu, 'emeni.

'I loto pe he 'aho 'e ua kuo solova 'a e palopalema ko 'eni.

Na'e 'i ai mo e toe toko taha na'a ne fakahoko mai 'a e tukunga ko 'eni. Ko 'ene fakamo'oni 'eni:

> 'Oku faka'ohovale 'aupito kiate au 'a e vave 'o e

> *ola lelei, 'i he taimi 'oku fai ai 'a e tapuaki'i 'o ha ni'ihi. Hange ko ee 'oku tu'u teuteu 'a e 'Eiki ke ne fakahoko 'ene 'ofa ki he kakai, 'okapau te tau tuku atu 'a e ngaahi lotu 'o e tapuaki ma'a nautolu.* – Pastor Darin Olson, Junction City, Oregan Nazarene Church

'Oku mo'oni pe 'oku lava 'o liliu 'a mamani 'e he Tapuaki.

TAPUAKI'I, 'O 'IKAI KO E TALATUKU'I 'E KITA, 'A KITA

Ko e fakatokanga'i pea motuhi pe maumau'i 'a e ngaahi mala'ia

'Oku fa'a lahi 'a e fakakaukau pehe ni: "Oku ou palaku, 'oku ou vale, 'oku 'ikai ke u poto ha me'a, 'oku tuai 'a e mahino ha me'a kiate au, 'oku 'ikai ha taha 'e sai'ia 'iate au, 'ikai pe fie ngaue'aki au 'e he 'Otua, ko e angahala au…'? Fu'u lahi 'a e ngaahi loi 'oku 'omai 'e Setane ke tau tui ki ai.

'Oku 'i ai hoku kaume'a 'oku ne fai 'a e ngaahi lea ko 'eni 'i he taimi kotoa pe, pea 'oku fakamamahi kiate au. "Ta'ahine vale ko koe, Rose ('ikai ko hono hingoa totonu). Kuo ke toe maumau'i 'a e me'a ni. 'Oku 'ikai te ke lava 'o fai ha me'a 'e taha ke tonu…'

'Oua te ke toe tali pe lea 'aki 'a e ngaahi mala'ia ko 'eni, ka ke tapuaki'i pe 'e koe 'a koe.

'Oku ou manatu'i 'a e kulupu lotu 'e taha ne u vavanga'i ai 'a e laumalie 'o e "oku 'ikai hano mahu'inga (worthlessness)", 'oku ne ha'iha'isia 'a e fefine na'e ha'u ke fai ha lotu ma'ana. 'I he lolotonga fai 'a e lotu ma'ana, na'e pehe mai 'a e fefine ia, "oku ou vale.' Ne u 'eke ange ki ai pe ko 'ene fanongo ai mei fe? Talamai 'e ia ko 'ene fanongo ai mei he'ene ongomatu'a. Me'a fakamamahi ia… ka 'oku lahi 'a e hoko 'a e me'a pehe ni.

Ne u fakahinohino ia ki he ngaahi lea ko 'eni:

> 'I he huafa 'o Sisu, 'oku ou fakamolemole'i 'eku ongo matu'a. 'Oku ou fakamolemole'i au pea 'oku ou veteki 'a e ngaahi lea 'a 'eku ongo matu'a, pea mo 'eku ngaahi lea fekau'aki pe mo au. 'Oku ou ma'u 'a e fakakaukau 'a Kalaisi pea 'oku ou 'atamai poto.

Ne ma faka'osi 'aki 'a e kapusi 'o e ngaahi laumalie 'o e fakasitu'a'i, pea mo e laumalie 'oku 'ikai hano mahu'inga. Ne u tapuaki'i 'a e fefine ni ko e 'ofefine koe 'o e 'Otua, pea 'oku mahu'inga koe kiate Ia, pea 'e me'a ngaue 'aki koe ke fakamo'ui 'a e ngaahi maumau fakaeloto mo e 'amanaki ki he kakai. Ne u tapuaki'i ia 'aki 'a e loto to'a.

Ne u vakai atu 'oku kamata ke uloulo 'a e fotunga 'o e fefine ni. Uike hoko mai pe, na'a ne fakaha mai 'a e ngaahi lelei lahi ne hoko kiate ia. 'Oku lava pe, ke tau liliu 'a hotau 'atakai.

'Oku lava pe 'e ha taha ke fai eni. 'Oku fonu 'a e Tohitapu 'i he ngaahi taumu'a 'a e 'Otua ki he kakai, pea 'oku malava pe ketau talaki 'a e ngaahi taumu'a ko ia kiate kinautolu.

'Oku ou fie ma'u ke u vahevahe 'a e fo'i fakamo'oni 'e taha. Ne u lotu ma'ae fefine na'a ne ma'u 'a e langa kete. 'I he'eku lotu, na'e hifo 'a e Laumalie Ma'oni'oni ki he fefine ni, pea na'a ne punou hifo ki lalo 'i he taimi ne mavahe ai 'a e ngaahi laumalie 'uli meiate ia. 'I he ngaahi 'aho si'i na'e mavahe 'a e langa kete, pea faka'ohovale pe kuo toe foki mai. 'Ko e ha e me'a 'oku hoko, 'Eiki? Na'e fakamanatu ange 'e he Laumalie Ma'oni'oni, 'a e me'a na'e hoko 'i he nofo 'apitanga 'a ia na'e talaange 'e ha toko taha, ke tokanga 'o haka 'a e moa ke moho lelei, na'a puke 'a e kakai. Pea ne tali atu 'o pehe, 'io, 'oku 'ikai fie puke ia 'i he lolotonga 'a e nofo 'apitanga, ka ko e 'osi pe 'a e fakataha, pea sai pe ia. Na'e pau ke ne motuhi 'a e ivi 'o e ngaahi fo'i lea noa'ia ko ia (lea ta'efakakaukau) pea tuai e kemo kuo mavahe atu 'a e langa kete.

Tapuaki'i hoku ngutu

'Oku ou tapuaki'i hoku ngutu ke ne lea 'aki pe 'a e me'a mahu'inga 'o 'ikai ko ha me'a ta'emahu'inga, pea ke hoko hoku ngutu ko e me'a ngaue 'a e 'Eiki. (Makatu'unga 'ia Selemaia 15:19)

'Oku lahi 'aupito 'a e ngaahi mana 'a Sisu ne fakahoko 'aki pe 'a 'ene lea 'o hange ko 'eni, *"Alu pe kuo mo'ui ho foha"* (Sione 4:50). 'Oku ou fie ma'u ke u pehe, ko e me'a ia 'oku ou tapuaki'i ai hoku ngutu pea matu'aki tokanga'i 'a e me'a 'oku ha'u ki tu'a mei ai.

Na'e 'i ai e taimi 'e taha ne u nofo ai mo hoku mali 'i ha hotele 'i Noumea. Ne ma fanongo ai ki he tangi ta'emotu 'a e ki'i pepee 'i ha ngaahi po nai. Ne 'alu hoku uaifi 'o fakalea atu ki he fa'ee 'a e pepee pe, ko e ha 'a e me'a 'oku hoko. Talamai 'e he fa'ee, 'oku 'ikai te ne 'ilo 'e ia koe'uhi na'e 'oange 'e he toketa ke folo 'e he pepee 'a e ngaahi faito'o 'enipaiotiki ka 'oku 'ikai pe ke fiemalie ai 'a e pepee ia. Na'e kole ange 'e hoku uaifi pe 'e lava pe ke u lotu ma'ae pepee pea neongo na'e 'io mai 'a e fa'ee na'e 'ikai pe ke fu'u tui ki he fai 'o e lotu. Ne u feinga lahi 'i he'eku lea faka-Falanise ke u lotu ma'ae pepee 'i he tui, 'te ne mohe hange ha pepee'. Pea na'e mohe fiemalie 'a e pepee.

Tapuaki'i hoku 'atamai

'Oku ou fa'a pehee,

> 'Oku ou tapuaki'i hoku 'atamai, koe'uhi he 'oku ou ma'u 'a e 'atamai 'o Kalaisi, ko ia ai 'oku ou fakakaukau 'aki 'Ene ngaahi fakakaukau. Fakataauange ke hoko hoku 'atamai ko ha feitu'u ma'oni'oni, pea ke hoifua 'a e Laumalie Ma'oni'oni 'o ne 'afio ai. Fakatauange ke u tali 'a e ngaahi lea 'o e 'ilo mo e poto mo e me'a fakaha mai.

'Oku 'i ai pe ngaahi taimi 'oku ou fefa'uhi ai mo e tauhi ke ma'a 'eku ngaahi fakakaukau, pea 'oku ou fakatokanga'i 'oku tokoni mai 'eni. 'Oku ou tapuaki'i foki mo 'eku ngaahi fakakaukau fakaeloto (imagination), ke me'a ngaue'aki ma'u pe ki he lelei 'o 'ikai ki he kovi. 'Aho 'e taha ne u fakatokanga'i ai 'a e faingata'a ne u a'usia 'i he'eku fakakaukau fakaeloto (imagination) – na'e lele takai holo ia 'i he ngaahi feitu'u kehekehe na'e 'ikai ke u fie ma'u ke 'alu ki ai – pea na'e fakamamafa mai 'e he 'Otua kiate au, *'sioloto kia Sisu 'a 'Ene fai 'a e ngaahi ngaue mana… pea ke sio kiate koe 'oku ke fai 'a e ngaahi me'a tatau.'* 'Oku ou fakatokanga'i 'oku ma'upu hake 'a e 'amanaki 'i hoku loto 'i he taimi 'oku ou fakakaukau ai ki ha me'a 'oku lelei (Filipai 4:8). Ko e tapuaki'i ho tau 'atamai mo 'etau ngaahi fakakaukau fakaeloto (imagination) 'oku tokoni lahi ke ma'u e taumu'a 'o e haohaoa.

Taimi 'e taha ne u ongo'i tolalo ai 'eku mo'ui, koe'uhi ko e 'ikai lava ke u ikuna'i 'a 'eku ngaahi fakakaukau fakaeloto. Na'e ake mai 'a e ngaahi lea 'o e himi motu'a ko 'eni:

Ke ke hoko ko 'eku visione 'a e 'Eiki 'o hoku loto

*Ke 'oua 'e toe hoko mai ha toe me'a kiate
au ka ko e 'Afiona pe
Ko Koe pe 'a 'eku fakakaukau fungani,
'i he 'aho pea mo e po
'I he'eku 'aa, pe 'i he'eku mohe,
Ko Ho 'Ao pe hoku maama 'anga.*

Tapuaki'i hotau ngaahi sino
'Ko e loto fiefia ko e faito'o lelei' (Palovepi 17:22). 'Oku pehe heni 'e he Tohitapu ko ho tau ngaahi sino 'oku ne tali lelei 'a e ngaahi lea moe ngaahi fakakaukau langa hake:

'Oku ou tapuaki'i hoku sino. 'I he 'aho ni 'oku ou veteki mo maumau'i meia te au 'a e laumalie mahamahaki. 'Oku ou tapuaki'i 'a hoku sino fakamatelie.

Ne u mamata 'i he vitio 'o ha tangata na'a ne ma'u 'a e palopalema 'o e mahaki mafu. Na'a ne tapuaki'i 'a e fangaki'i kalava 'i hono mafu 'i ha mahina 'e tolu nai, 'o talaki na'e ngaohi fakangeingei mo fakaofo 'a hono mafu. 'I he'ene toe foki ki he toketa, na'a nau vakai atu ki he mana 'o ha mafu fo'ou!

Na'a ku fakakaukau ke 'ahi'ahi'i 'eni ki hoku kili. Na'e 'i ai 'a 'eku palopalema fakakili koe'uhi ko e la'aa talu mei he'eku kei talavou. 'I he'eku motu'a ko 'eni, ne fa'a tupu 'a e fanga ki'i fuofua 'i hoku uma, mo hoku tu'a, pea na'e fie ma'u ke faito'o ia hili ha ngaahi mahina. Ne u pehe ke u tapuaki'i hoku kili, 'aki 'a e huafa 'o Sisu. Ne u lau ha pepa fekau'aki pea mo e natula 'o e kili. Neongo ko e kili, 'oku ne 'ufi'ufi 'a e me'a kotoa 'i he sino, ka na'e si'isi'i 'eku 'ilo ki ai. Ne u fa'a talanoa pe fekau'aki mo e kili, ka na'e 'ikai pe te u lea hangatonu ki hoku kili ha lea 'oku lelei – ko 'eku fakaanga pe mo 'eku hanu.

Ko e me'a fakaofo ka ko e kili koe'uhi he 'oku ne faka-mokomoko mo fakama'a kae 'uma'aa 'a e malu'i 'o e sino mei he ngaahi siemu pea fakamo'ui pe 'e he kili 'a ia pe 'i he taimi lahi. 'Oku faka'ofo'ofa mo lava lelei 'e he kili 'a 'ene ngaue 'i he sino, ko e 'ufi'ufi mo malu'i 'a hotau fakaelotosino (inner parts).

'Oku ou fakamalo ki he 'Otua ki hoku kili – mingi-mingi pe 'ikai. 'Oku ou tapuaki'i koe, 'e hoku kili.

Hili 'a e ngaahi mahina 'a 'eku fai 'a e tapuaki ko 'eni, kuo u vakai kuo kamata ke mo'ui mai hoku kili. Ko e liliu, na'e kamata ia 'i he taimi ne u fakamalo'ia mo tapuaki'i ai 'a hoku kili. Ko e kili ko ha toki ngaue fakaofo 'a e founga hono fa'u mo ngaohi. Ko e launga, 'oku ne teke'i 'a e ivi fakamo'ui 'a e Pule'anga 'o e 'Otua; ka ko e loto hounga, 'oku ne tohoaki mai 'a e fai fakamo'ui 'a e Pule'anga 'o e 'Otua.

Ko 'eni ha fakamo'oni, mei hoku kaume'a ko David Goodman:

Ngaahi mahina kuo hili atu ne u fanongo ki he malanga 'a Richard 'i he taumu'a ko e tapuaki – pea na'e sai pe ia, na'e ongo ki hoku loto koe'uhi ko e tapa ne fai mei ai 'a e malanga. Ko e fakama'opo'opo ne u ma'u mei he malanga, ko e fai 'o e tapuaki, 'oku 'ikai pau ke tau kole ki he 'Otua ke ne fai, ka koe'uhi ko e mafai 'oku 'iate kitautolu kau Kalisitiane pea mo hotau fatongia ke 'ave 'a e tapuaki ki ha mamani 'oku toonounou mei he finangalo 'o e 'Otua, pea ko ia ai 'i hotau tu'unga ko e kau 'amapasitoa 'a Kalaisi, ke ue'i 'e nau ngaahi mo'ui ma'ae Pule'anga 'o e 'Otua. Tau hu ki tu'a 'o tapuaki'i 'a e mo'ui 'a e kakai pea 'i he taimi tatau pe, ke tau fakahaahaa 'a Kalaisi kiate kinautolu.

Ko e fo'i fakakaukau ko 'eni 'oku sai pe ia ke fai 'a e tapuaki ma'a ha ni'ihi kehe, kaa na'e tautu'aafanga 'a e fo'i fakakaukau ni ke u tapuaki'i pe 'e au 'a au. 'Oku 'ikai ke u lava 'o tuku ange 'a 'eku ongo'i 'oku ou ta'efe'unga pea 'oku ou siokita, kae 'uma'aa 'a 'eku fakama'ama'a 'a e 'Otua. Na'e kamata liliu 'eku fakakaukau 'i he'eku vakai 'a e tu'unga mo'ui 'a e kau Kalisitiane 'a ia ko 'eni ia, ko e matu'aki fa'u fo'ou, fanau'i fo'ou pea na'e 'i ai 'a e palani mo e taumu'a 'a e 'Otua ma'a tautolu. Pea 'i he ngaahi koloa ko 'eni, ko e sino 'oku tau ma'u he taimi ni kuopau ke tau tokanga'i he ko e koloa to mei langi 'io, ko hotau sino ko e temipale 'oku 'afio ai 'a e Laumalie Ma'oni'oni.

Na'a ku fai leva 'a e ki'i 'ahi'ahi 'aki 'a 'eku 'aa 'i

he 'aho kotoa pe 'o tapuaki'i 'a e taha 'o e konga hoku sino, 'a 'ene kei mo'ui lelei. Ne u fakafeta'i foki 'i he kei fai 'e hoku louhi'i nima 'a 'enau ngaue na'e taumu'a mo ngaohi kinautolu ki ai. Ne u fakafeta'i mo fakamalo ki he ngaue 'o hoku ongo va'e 'ena 'ave holo au ki he feitu'u 'oku ou fie 'alu ki ai. Na'a ku fakafeta'i ki hoku sino mo e konga kehekehe 'oku nau fengaue'aki fakataha. Ko ha fo'i me'a makehe 'eni ne hoko 'i he'eku founga 'ahi'ahi ko 'eni.

Koe'uhi he ne u kamata ongo'i lelei fakaesino mo e anga 'a 'eku fakakaukau, ko ia ai ne u kamata manatu'i 'i he ngaahi mahina nai kuo hili, 'a e fa'a mamahi 'i he konga ki lalo 'o hoku nima – ko e mamahi 'oku hange ko e ha'u mei he hui, pea na'e fie ma'u ia ke milimili ma'u pe, ke faka-fiemalie 'a e uhuuhu 'o hoku nima. Ne u kamata leva ke u fakafeta'i ki he fakamo'ui 'a hoku nima pea mo 'ene malohi 'i he fai 'a e ngaue 'oku ou loto ki ai, kae 'uma'aa 'ene poupou ki he ngaahi konga kehekehe 'o hoku sino lolotonga 'a e fakamo'ui 'oku fai ki ai. Hili 'a e uike 'e tolu ne u 'aa hake 'i he pongipongi 'e taha 'o fakatokanga'i *kuo 'ikai toe 'i ai ha mamahi 'i hoku nima; ko e uhuuhu kuo mole ai pe ia.*

Ne u vakai hake 'oku 'i ai pe 'a e taimi mo e feitu'u ke fai ai 'a e fakahoko, 'i he tui, 'a e me'a'ofa 'o e fai fakamo'ui ma'ae kakai kehe, ka 'oku toe 'i ai 'a e founga 'e taha 'oku faka'ataa mai kiate kitautolu taautaha ke tau fakahoko ai 'a e me'a'ofa ko e fai fakamo'ui ma'a tautolu. Ko e ako 'eni 'i he fakatokilalo, 'a ia ke tau falala ki he foaki 'a e 'Otua ma'a hotau ngaahi sino fo'ou, koe'uhi ke tau fononga atu 'i he loto-hangamalie ki he founga mo'ui 'oku fo'ou.

'Oku lahi 'aupito 'a 'eku ma'u 'a e ngaahi fakamo'oni ki he fakamo'ui fakaesino, koe'uhi ko e fai 'o e ngaue tapuaki. Te ke lava 'o lau eni 'i he tu'asila www.richardbruntonministries.org/testimonies.

Tapuaki'i ho 'api, nofo mali pea mo e fanau

Ko ho fale – ko e angamaheni 'o e tapuaki'i 'o e fale
Ko ha fakakaukau lelei 'eni, ke tapuaki'i ho fale pea

toe fakafo'ou 'a e tapuaki ko ia, 'o 'oua toe si'i hifo 'i he tu'o taha he ta'u. Ko e tapuaki'i 'a e 'api 'oku ke nofo ai, ko e ngaue'aki pe ia 'a e mafai fakalaumalie 'ia Kalaisi Sisu, ke tukupa mo fakatapui 'a e feitu'u ko ia ki he 'Eiki. Ko e fakaafe'i 'o e Laumalie Ma'oni'oni ke hu mai, pea fakamalohi'i ke mavahe 'a e me'a hono kotoa 'oku 'ikai 'a e 'Otua.

Ko e 'api, 'oku 'ikai ko e piliki pe mo e sima – 'oku 'i ai pe 'a hono fa'ahinga anga. 'Oku tatau pe 'a ho'o 'ataa fakalao ki ho fale 'i he taimi ni, pea mo e 'ataa fakalao 'a e toko taha na'a ne ma'u ho 'api kimu'a 'iate koe. Mahalo pe na'e 'i ai ha ngaahi me'a na'e hoko 'i ho fale, na'a ne fakaava ai ha ngaahi tapuaki pe ko ha ngaahi mala'ia. Tatau ai pe, pe ko e ha 'a e me'a na'e hoko, *ko ho* mafai te ne fokotu'u pe 'e feefee 'a e 'atimosifia fakalaumalie. Kapau ko e kakai na'a nau ma'u 'a e 'api kimu'a 'iate koe na'a nau mo'ui fakaongoongo ki he laumalie 'uli, te ke ongo'i pe 'e koe – pea 'oku 'iate koe leva ke kapusi 'a e ngaahi ivi laumalie 'uli ko ia kitu'a mei ho 'api.

Kuopau ke ke vakai'i pe na'a ke faka'ataa 'e koe, koe'uhi ko e mata'i valea, ha ngaahi laumalie 'uli ki ho 'api mo ho fale. 'Oku 'i ai ha ngaahi tavalivali ta'e faka'otua, ngaahi suvenia, ngaahi tohi, ngaahi CD pe DVD? Ko e ha 'a e ngaahi polokalama 'i he TV 'oku ke faka'ataa ke mou sio ai 'i homou 'api. 'Oku 'i ai ha anga-hala oku hoko 'i ho 'api?

Ko 'eni ha tapuaki faingofua ke ke fai 'i ho'o 'alu mei he loki ki he loki 'i ho fale:

'Oku ou tapuaki'i 'a e fale ni he ko homau 'api 'eni. 'Oku ou talaki ko e fale ni 'oku 'a e 'Otua, pea 'oku ou fakatapui ki he 'Otua pea 'oku fakamalu- malu 'a e 'api ni 'i he pule 'a e 'Eiki ko Sisu Kalaisi. Ko e fale 'eni kuo tapuaki'i.

'Oku ou motuhi 'a e mala'ia hono kotoa 'i he fale ni, 'aki 'a e ta'ata'a 'o Sisu. 'Oku ou ma'u 'a e mafai 'i he huafa 'o Sisu, ke u kapusi 'a e lau- malie 'uli kotoa, ke nau mavahe he taimi ni, pea he'ikai te nau toe foki mai. 'Oku ou kapusi 'a e laumalie kotoa 'o e fetu'usi, fakavahavaha'a mo e loto kehekehe. 'Oku ou kapusi 'a e laumalie 'o e masiva.

> *Ha'u Laumalie Ma'oni'oni 'o kapusi 'a e me'a kotoa pe 'oku 'ikai mei he 'Afiona. Fakafonu 'a e fale ni 'aki Ho Laumalie. Tukuange mai 'a e fua 'o e 'Afiona ko e: 'ofa, fiefia, melino, anga'ofa, angakataki, angatonu, angamokomoko, angafalala mo e angafakama'uma'u. 'Oku ou tapuaki'i 'a e fale ni ke hake to'ulu 'o mahua kitu'a 'a e melino mo e 'ofa. Fakatauange ke ongo'i 'e he taha kotoa 'oku hu 'i he fale ni 'a Ho Laumalie pea ke tapuaki'i ia 'i he huafa 'o Sisu, 'emeni.*

Kuo u 'osi lue holo 'i hoku 'api 'i tu'a 'o tapuaki'i mo pani fakalaumalie 'aki 'a e ta'ata'a 'o Sisu Kalaisi, ke malu'i 'a e kelekele pea mo e kakai 'oku nofo ai mei he kovi kotoa pe, kae 'uma'aa 'a e ngaahi maumau fakaenatula kotoa pe.

Ko ho'o nofo mali

> *'Oku tau ma'u 'a e fa'ahinga nofo mali 'oku tau tapuaki'i, pe 'oku tau ma'u 'a e fa'ahinga nofo mali 'oku tau fakamala'ia'i.*

Ko 'eku 'uluaki lau 'a e me'a ko 'eni na'e tohi, 'i he fa'utohi 'a Kerry Kirkwood na'e ui ko e, *The Power of Blessing,* ne u ki'i 'ohovale. Ko e mo'oni 'eni?

Ne u fakakaukau lahi ki ai, pea 'oku ou tui ko e ngaahi lea ni 'oku mo'oni lahi – ko ha nofo fakamamahi 'i ha'a tau nofo mali pe ko 'etau fanau, ko hono 'uhinga, he 'oku 'ikai ke tau tuku ha tapuaki ki ai! 'I he fai 'o e tapuaki, 'oku ne faka'ataa ke a'u kakato mai 'a e lelei 'a e 'Otua na'a ne taumu'a 'aki kiate kitautolu – 'io 'a e mo'ui fuoloa pea mo hotau ngaahi va ke lelei. 'Oku fakafehoko taki leva kitautolu 'i he tapuaki ko 'eni.

Tokanga 'aupito ki he ngaahi fakamala'ia. 'Oku fe'ilongaki 'aupito 'a e ngaahi husepaniti mo e ngaahi uaifi. 'Oku ke fa'a lea nai 'aki ha ngaahi lea pehe ni? 'Oku fa'a lea nai 'aki 'a e ngaahi lea ko 'eni kia koe? "'Oku 'ikai pe te ke fanongo mai, 'oku kovi 'aupito 'a ho'o manatu. 'Oku 'ikai pe te ke poto he ngaohi me'a tokoni. 'Oku 'ikai te ke poto koe 'i ha me'a...' Ko e fa'ahinga lea 'eni 'i hano toutou lea 'aki, 'oku ne fakahoko mai leva 'a e ngaahi fakamala'ia.

'Oua te ke lea fakamala'ia, ka ke tuku tapuaki.

Manatu'i, kapau te ke lea fakamala'ia (ko e ngaahi lea fakamate) he'ikai te ke ma'u 'a e tuku fakaholo 'o e tapuaki 'oku finangalo 'a e 'Otua ke ke ma'u. 'Oku toe kovi ange, 'a e uesia *kiate kitautolu* 'e he fakamala'ia, 'o lahi ange ia 'i he toko taha 'oku tau lea fakamala'ia ki ai. Ko e 'uhinga nai ia, 'oku 'ikai fa'a tali ai 'a 'etau kole lotu?

Ko 'etau ako ke tau lea 'aki 'a e fai tapuaki, 'oku hange ko ha'atau ako ha lea fo'ou – ki'i faingata'a he kamata. Te u fakataataa 'aki 'eni,

> *Nicole, 'oku ou tapuaki'i koe 'i he huafa 'o e Tamai mo e 'Alo pea mo e Laumalie Ma'oni'oni. 'Oku ou tuku atu kiate koe 'a e lelei hono kotoa 'a e 'Otua. Fakatauange ke fua lelei 'a e ngaahi taumu'a 'a e 'Otua ki ho'o mo'ui.*

> *'Oku ou taupaki'i 'a e me'a'ofa 'o e talitali kakai lelei 'oku 'iate koe. 'Oku ou tala heni, ko e toko taha talitali kakai koe 'a e 'Otua, 'o talitali 'a e kakai hange tofu pe ko e 'Otua 'oku ne fai 'a e talitali. 'Oku ou tapuaki'i koe, ke ke ma'u 'a e ivi ke ke hokohoko atu 'a e me'a 'ofa ko 'eni ke*

fuoloa. 'Oku ou tapuaki'i koe 'aki 'a e mo'ui lelei mo e mo'ui fuoloa. 'Oku ou tapuaki'i koe 'aki 'a e lolo 'o e fiefia.

Ko ho'o fanau

'Oku lahi 'a e ngaahi founga ke tapuaki'i ai ha ki'i tamasi'i. Ko e founga 'eni 'oku ou tapuaki'i ai hoku ki'i mokopuna fefine, 'oku ta'u fa:

Ashley, 'oku ou tapuaki'i ho'o mo'ui. Fakatauange ke ke hoko ko ha fefine tu'u kimu'a 'a e 'Otua. 'Oku ou tapuaki'i ho'o fakakaukau ke fakapotopoto ma'u pe, pea ke ke ma'u 'a e poto fakalangi mo e laumalie vavanga 'i ho'o ngaahi tu'utu'uni kotoa pe. 'Oku ou tapuaki'i ho sino ke tauhi ke ma'a haohaoa, kae 'oua leva kuo ke mali, pea ke mo'ui lelei mo malohi. 'Oku ou tapuaki'i ho ongo nima mo ho ongo va'e ke na fai 'a e ngaue 'a e 'Otua 'oku ne palani kiate koe ke ke fai. 'Oku ou tapuaki'i ho ngutu. Fakatauange ke ne lea 'aki 'a e ngaahi lea 'o e mo'oni mo e langa hake. 'Oku ou tapuaki'i ho loto ke fai mo'oni ma'u pe ki he 'Eiki. 'Oku ou tapuaki'i ho husepaniti ki he kaha'u pea mo ho'o fanau 'i he kaha'u, ke nau mo'ui fonu

> *tapuaki pea mo uouongataha. 'Oku ou 'ofa 'i he me'a hono kotoa 'oku 'iate koe Ashley, pea 'oku ou ongo'i langilangi'ia 'i he'eku hoko ko ho'o kui.*

Kaekehe, ko ha feitu'u 'i he mo'ui 'a e ki'i tamasi'i 'oku faingata'a'ia, 'oku malava pe ke tau tapuaki'i 'a e tafa'aki ko ai. Kapau 'oku nau faingata'a'ia 'i he ako, 'oku lava pe ke tau tapuaki'i 'enau ngaahi fakakaukau, ke nau manatu'i 'a e ngaahi lesoni, pea ke mahino mo mahu'inga malie 'a e ngaahi tefito'i mo'oni; kapau 'oku ngaahi kovi'i kinautolu 'e ha taha pe ni'ihi 'i he ako, 'oku malava pe ke tau tapuaki'i kinautolu ke nau tutupu 'i he poto, mo e lahi 'o honau sino, pea mo hono 'ofeina kinautolu 'e he 'Otua pea mo ha toe fanau kehe; pea ke hokohoko atu.

'Oku ou manatu'i 'eku talanoa mo ha fefine 'oku nofo ki he 'Eiki, fekau'aki mo hono mokopuna tangata. Ko e me'a kotoa 'oku ne lea mai 'aki 'oku fakamamafa ki he'ene ngaahi fehalaaki 'a hono mokopuna 'a ia ko hono natula angatu'u pea mo 'ene ngaahi 'ulungaanga 'oku hoko ko e ngaahi palopalema 'i he 'apiako. Na'e 'ave ki he 'apitanga ke tokoni'i ia 'i he'ene ngaahi palopalema, pea na'e toe fakafoki mai ki 'api koe'uhi he na'e fu'u fakamoveuveu 'ene to'onga 'i he 'apitanga.

Ne u fokotu'u ange ki he fefine ni pe 'oku 'ikai te ne 'ilo 'a 'ene lea 'o talatuki'i hono mokopuna, 'i he fa'ahinga founga 'o 'ene fakamatala ki ai, pea 'oku hange 'oku ne ha'iha'i ia 'aki 'ene ngaahi lea. Ko ia ai na'a ne tuku 'ene lea talatuki, kae fakataumu'a 'ene lea 'aki 'a e tapuaki'i 'a e ki'i tamasi'i, pea na'e fai tatau pe mo hono husepaniti, 'a e kui tangata 'a e ki'i tamasi'i foki. 'I loto pe 'i he ngaahi 'aho si'i, kuo liliu kakato 'a e ki'i tamasi'i pea na'e toe foki ki he 'apitanga, kuo fo'ou 'ene to'onga. Tau vakai ki he ola lelei vave 'a e ivi 'o e lea 'aki 'a e tapuaki!

Ko e taha 'o e ngaahi me'a fakaofo 'oku lava 'e ha tamai 'o foaki ki he'ene fanau, ko ha tapuaki faka-tamai. Na'a ku ako 'a e fo'i mo'oni fakaofo ko 'eni mei he tohi na'e fa'u 'e Frank Hammond 'oku ui ko e, *The Father's Blessing*. Ko e 'ikai ke fai 'a e tapuaki 'a e tamai, 'oku 'i ai ma'u pe 'a e ongo'i 'oku 'i ai 'a e hama 'i he vaha'a 'o e tamai mo e fanau, pea 'oku 'ikai ke toe 'i ai ha me'a kehe ke ne fakakakato. 'A e ngaahi tamai, hilifaki homou ngaahi nima 'i ho'omou fanau pea mo ha toe ngaahi memipa kehe pe 'o e famili, (hange ko 'eni, hilifaki ho nima honau funga 'ulu pe ko honau ngaahi uma) pea ke tapuaki'i kinautolu ma'u pe. Te ke a'usia 'a e ngaahi me'alelei 'a e 'Otua 'e fakahoko kiate koe mo kinautolu.

Ko ha feitu'u pe 'oku ou vahevahe ai 'a e ngaahi me'a ko 'eni, 'oku ou kole ki he kakai lalahi, tangata mo e fefine, "Ko hai 'iate kimoutolu kuo hilifaki nima ho'o mou ngaahi tamai 'o tapuaki'i kimoutolu?" Tokosi'i 'a e kakai ne nau hiki honau ngaahi nima ko ha tali 'o e fehu'i. Ne u toe liliu 'a e fehu'i 'uluaki 'o fakalea peheni: "Toko fiha 'a e kakai 'i heni na'e 'ikai pe ke hilifaki nima 'a 'enau ngaahi tamai 'iate kinautolu 'o tapuaki'i?" Meimei katoa 'a e kakai ne nau hiki honau nima.

Pea u kole ange leva pe 'e lelei pe ke nau faka'ataa au ke u hoko ko ha tamai fakalaumalie 'i he momeniti ko 'eni – ko ha fakafofonga pe – koe'uhi ke u lava 'i he ivi 'o e Laumalie Ma'oni'oni 'o tapuaki'i kinautolu 'aki 'a e tapuaki na'e 'ikai pe ke nau ma'u. Na'e taulofu'u 'a e ngaahi tali mai: ngaahi to lo'imata, fakatau'ataina 'o veteange 'a e ngaahi ha'iha'isia, ma'upu hake 'a e fiefia mo e fakamo'ui. Me'a fakaofo fau!

Kapau 'oku ke 'unaloto ki he tapuaki fakatamai, 'o hange ko au, pea ke lea le'o lahi pe 'aki 'a e ngaahi lea ko 'eni. Ko e tapuaki 'eni na'a ku ma'u mei he tohi 'a Frank Hammond.

Ko ha tapuaki fakatamai

'Oku ou 'ofa 'iate koe. 'Oku ke mahu'inga kiate au. Ko e me'a'ofa koe kiate au mei he 'Otua. 'Oku ou fakamalo ki he 'Otua 'i he'ene faka'ataa ke u hoko ko ha tamai kiate koe. 'Oku ou 'ofa 'iate koe mo loto-polepole 'iate koe.

'Oku ou kole ke ke fakamolemole'i au 'i he ngaahi me'a ne u lea mo fai kiate koe na'a ke mamahi ai. Kae 'uma'aa 'a e ngaahi me'a na'e 'ikai te u fai pea mo e ngaahi lea na'e 'ikai ke u lea 'aki kiate koe, na'a ke fie ma'u ke ke fanongo ki ai.

'Oku ou maumau'i mo tu'usi 'a e ngaahi fakamala'ia 'oku muimui 'iate koe, koe'uhi ko ha ola 'o 'eku ngaahi angahala, ngaahi angahala ho'o fa'ee, pea mo e ngaahi angahala 'o ho'o

ngaahi kui tupu'anga. 'Oku ou fakafeta'i ki he 'Otua 'i he hoko 'a Sisu ko e mala'ia 'i he kolosi, koe'uhi kae lava ke fakahaofi kitautolu mei he mala'ia kotoa pe, pea tau hu ai ki he tapuaki.

'Oku ou tapuaki'i koe 'aki 'a e fakamo'ui 'o e ngaahi lavea hono kotoa 'o e loto – ngaahi lavea 'o e fakasitu'a'i, mo e 'ikai fai atu ha tokanga kiate koe pea mo e ngaahi kovi'i koe, 'a ia 'oku ke mamahi ai. 'I he huafa 'o Sisu, 'oku ou motuhi 'a e ivi kotoa 'o e ngaahi lea faka-mamahi mo ta'e-totonu ne lea 'aki kiate koe.

'Oku ou tapuaki'i koe 'aki 'a e melino taulofu'u, 'a e melino ko ia, ko e Pilinisi pe 'o e Melino 'oku malava ke ne foaki.

'Oku ou tapuaki'i ho'o mo'ui ke fua taulofu'u: fua lelei, fua ke lahi ange pea mo e fua ke tolonga.

'Oku ou tapuaki'i koe 'aki 'a e tupulekina. 'E tuku koe ke ke 'ulu, 'o 'ikai te ke hiku; pea te ke taka 'olunga pe, 'o 'ikai te ke taka lalo.

'Oku ou tapuaki'i 'a e ngaahi me'a'ofa na'e foaki atu 'e he 'Otua kiate koe. 'Oku ou tapuaki'i koe 'aki 'a e poto faka-'Otua, ke ke fai 'aki ho'o ngaahi fai tu'utu'uni lelei pea ke ke tupulaki 'i he ngaahi me'a'ofa 'ia Kalasi.

'Oku ou tapuaki'i koe 'aki 'a e tu'umalie ke hange ha vai fa, ke ke malava 'o toe tapuaki'i ha ni'ihi kehe.

'Oku ou tapuaki'i koe ke ke hoko ko ha toko taha taki lelei fakalaumalie, koe'uhi he ko e maama moe masima koe 'o mamani.

'Oku ou tapuaki'i koe 'aki 'a e mahino fakalaumalie 'oku loloto pea ke ke molomolo mui va'e ki ho 'Eiki. 'E 'ikai te ke humu pe nenu, koe'uhi ko e folofola 'a e 'Otua, ko e tuhulu ki ho'o laka, mo e maama ki ho hala.

'Oku ou tapuaki'i koe ke ke mamata ki he kakai fefine/tangata 'aki 'a e vakai 'a Sisu.

'Oku ou tapuaki'i koe ke ke vavanga mo kaungaa

fiefia 'i he konga koula 'oku 'i he kakai, 'o 'ikai ko e kovi.

'Oku ou tapuaki'i koe ke vaka mai 'a e 'Otua 'iate koe ki ho 'api ngaue – 'o 'ikai ko e fakamo'oni pe, pe ko e tasipinga 'ulungaanga lelei, ka, ke ke fakalangilangi'i 'a e 'Otua, aki 'a ho'o fakatupu 'a e ngaahi ngaue fungani 'i he 'api ngaue.

'Oku ou tapuaki'i koe ke ke ma'u ha ngaahi kaungame'a lelei, koe'uhi he 'oku 'iate koe 'a e hoifua 'a e 'Otua mo e tangata.

'Oku ou tapuaki'i koe 'aki 'a e 'ofa 'oku hulu mo hake to'ulu, pea ke ke tu'u mei ai 'o vahevahe 'a e kelesi 'a e 'Otua ki he kakai. 'Oku ke fonu tapuaki 'i he ngaahi tapuaki fakalaumalie 'ia Kalaisi Sisu. 'Emeni!

Ngaahi fakamo'oni 'o e mahu'inga 'a e tapuaki fakatamai

Na'e liliu au 'e he tapuaki fakatamai. Talu 'eku tupu te'eki ai pe ke u fanongo ha me'a pehe.

Na'e 'ikai pe ke 'i ai ha lea pehe ni ke fai mai 'e he'eku tamai kiate au. Na'e me'a ngaue'aki 'e he 'Otua 'a koe Richard, ke 'omai au ki ha tu'unga ke u 'ilo'i 'oku ou fie ma'u ke fai mai ha lotu 'e ha tamai fakalaumalie, 'o tapuaki'i 'a 'eku mo'ui. Ko e taimi na'a ke tukuange mai ai 'a e tapuaki 'a e tamai-ki he-foha, na'e to mai ki hoku loto 'a e fakanonga lahi, pea ko ia ai 'oku ou ma'u 'a e fiefia mo e tapuaki. – Faifekau Wycliffe Alumasa, Kenya.

Ko e fai fononga loloa mo faingata'a ne u fou mai ai 'i he'eku ongo'i 'a e loto-ta'ota'omia (depression); ko ha feinga tau 'eni he tapa kehekehe – 'atamai, laumalie, sino. Na'e fakamo'ui 'a hoku kuohili pea na'e 'ikai ke 'i ai ha founga mahu'inga ange ka ko 'eku fai 'a e fakamolemole'i 'o 'eku tamai – 'ikai ngata pe he ngaahi me'a fakamamahi na'a ne fai he kuohili kae toe mahulu ange 'a e ngaahi me'a na'e 'ikai te ne fai. Na'e 'ikai pe ke lea mai 'eku tamai 'oku 'ofa 'iate au. Na'e 'ikai pe ke u ongo'i 'oku hohoi mo 'ofa mai kiate au. Na'e 'ikai pe ke 'i ai ha'ane fa'ahinga lea 'ofa pe tokanga mai – neongo 'a e

tangi hoku loto ke u fanongo ki ha ngaahi lea
'ofa.

'I he lolotonga 'a 'eku fai fononga 'i he vaa'i
hala 'o e fai 'o e fakamolemole mo e fakamo'ui
fakaeloto, na'e mole atu 'a e mo'ui ta'ota'omia
(depression) neongo ne u kei ma'u pe 'a e ngaahi
faka'ilonga fakaesino 'o hange ko e mahaki 'o e
kete. Na'e 'omai 'a e ngaahi faito'o mo e founga
ma'u me'atokoni mei he'eku toketa, ka na'e 'ikai
pe ha ki'i tokoni ia 'e taha kiate au.

Richard, na'e fakamatala mai 'e hoku kaume'a
kiate au 'a e ngaahi talanoa feka'uaki mo e
tapuaki fakatamai, kae 'uma'aa 'a e ngaahi
ongoongo ne ma'u mai mei he kakai. Na'e ue'i
hoku laumalie 'o tohoaki ki he fo'i fakakau-
kau ni. Na'e mahino 'a e fo'i mo'oni ko 'eni, 'o
'eku fakamolemole'i 'eku tamai, 'i he ngaahi
me'a na'e 'ikai te ne fai, ka na'e te'eki ai pe ke
fakakakato pe ongo'i fiemalie 'a hoku loto.

Ko e me'a leva 'eni na'e hoko. Na'a ma 'i he falekai
'i he pongipongi 'e taha 'o ma'u me'atokoni, pea

na'e tu'u leva 'a Richard 'o fakafetongi 'a e tu'unga 'o 'eku tamai, 'o ne fai e tapuaki'i au 'i hoku tu'unga fakaefoha. Na'e hifo 'a e Laumalie Ma'oni'oni 'o fa'ofale 'iate au pea na'a ne nofo'ia au he 'aho kakato koia. Ko ha toki a'usia faka'ofo'ofa ta'e 'i ai hano tatau pea ko e konga ko ia 'o 'eku mo'ui na'e tangi mo to'e, kuo 'ufi'ufi 'aki 'a e melino.

Ko ha ola ta'e'amanekina na'e hoko mai ki hoku sino, 'a ia na'e 'ikai ke u to e ongo'i 'a e mahaki kete ne u ma'u. Ne u fakata'e'aonga'i leva 'e au 'a 'eku ngaahi faito'o mo e founga ma'u me'atokoni mei he toketa. 'I he'eku tali 'a e ngaahi me'a na'e hama 'i hoku loto, na'e fakamo'ui ai pe 'a hoku sino 'i he taimi tatau. – Ryan

Na'a ku lea 'aki kiate au pe 'a e 'Tapuaki Fakatamai' pea na'e 'ikai ke u mei lava 'o lea 'aki koe'uhi, ko 'eku 'utu'utufia he tangi, he ne u ongo'i kuo fakamo'ui au 'e he 'Eiki. Ko e me'a pe na'e lea 'aki 'e he'eku tamai kiate au, ko 'ene fakamala'ia'i au mo lea tuku hifo kiate au, 'o a'u ai pe ki he'ene malolo. 'Oku ou ongo'i 'a e fakatau'ataina kiate au. – Mandy

Ko ha feitu'u pe 'oku ou lea 'aki 'a e Tapuaki Fakatamai, 'oku 'i ai ma'u pe 'a e ola lelei 'oku ha mai. Te ke lava pe 'o lau mo vakai ki ha toe ngaahi fakamo'oni'i he www.richardbrunton.org/testimonies, pe te ke mamata ki he vitio 'o e Tapuaki Fakatamai 'i he www.richard-bruntonministries.org/resources.

Ko e tapuaki'i 'o ha ni'ihi kehe 'aki 'a e tuku atu 'a e lea fakapalofisai

Neongo ne u 'oatu ha ngaahi fakataataa ke tokoni'i koe 'i ho'o kamata, 'oku lelei pe ke ke kole ki he Laumalie Ma'oni'oni ke ne tokoni'i koe ke hoko ho ngutu ko e me'a ngaue 'a e 'Otua, 'aki 'a e talaki mo e tuku atu 'a e ngaahi fakakaukau 'a e 'Otua pe (ko e lea totonu 'i he taimi totonu). Kapau 'oku faingamalie, ue'i 'a ho laumalie 'aki 'a ho'o lotu 'i he lea kehekehe pe lotu hu.

'E lava pe ke ke kamata 'aki 'a e ngaahi fakataataa ne 'oatu, ka ke falala ki he Laumalie Ma'oni'oni ke ne tataki koe. Fakaongoongo ki he'ene taki. Mahalo 'ape te ke kamata mo tu'u, kamata mo tu'u, ka 'e vave pe 'a ho'o ma'u mo fanongo ki he finangalo 'o e 'Eiki.

Ko e tapuaki'i 'a ho 'api ngaue'anga

To e foki 'o vakai ki he konga 'uluaki 'o e fakataataa ne u 'oatu mei he'eku a'usia, 'o fakafehoanaki ki he tukunga 'o'ou. Faka'ataa koe ki he 'Otua, ke ne fakahinohino mo fakatonutonu 'a ho'o vakai ki ho tukunga lolotonga mo e kaha'u. Ko e tapuaki 'oku 'ikai ko ha fa'ahinga faimana. Ko ha fakataataa 'eni, 'oku 'ikai fakapopula'i 'e he 'Otua 'a e kakai ke nau fakatau ha me'a 'oku 'ikai 'aonga mo fie ma'u, pe tapuaki'i 'e he 'Otua 'a e fakapikopiko mo e ta'e faitotonu. Kapau 'oku fakatatau ho'o mo'ui ki He'ene ngaahi tukunga, 'oku tonu ke ke tapuaki'i ho'o pisinisi – ke tokoni'i koe 'e he 'Otua ke fakalakalaka ki he tu'unga 'oku Ne fie ma'u ke ke a'u ki ai. Fanongo ki He'ene fale'i, pe ko e fale'i 'a e kakai te Ne fekau ke mou fe'iloaki. Faka'ataa ho loto pea ke 'amanaki ki Hono finangalo hoifua. Koe'uhi ko 'Ene 'ofa 'iate koe, pea 'oku ne fie ma'u ke ke lavame'a.

Ne u ma'u mai 'a e fakamo'oni ko 'eni meia Ben Fox:

Ko e tafa'aki 'o 'eku ngaue 'i he fefakatau'aki 'o e ngaahi konga kelekele, ne kamata ke tolalo 'i he ngaahi ta'u ki mui ni. Koe'uhi ko 'eku hoha'a ki he tolalo ko 'eni 'a 'eku pisinisi, ne u kole lotu ki ha ni'ihi 'o fekau'aki pea mo 'eku ngaue.

'I he taimi tatau pe 'i he kamata'anga 'o e ta'u 2015, ne u fanongo ki he malanga 'a Mr Brunton fekau'aki pea mo 'ete tapuaki'i 'a 'ete ngaue, pisinisi, famili pea mo e ngaahi tafa'aki kehekehe. Ko 'eku ngaahi lotu 'i he taimi koia, ko 'eku fai pe 'eku kole ki he 'Otua ke ne tokoni'i au 'i he ngaahi tafa'aki ko ia. Ko e fo'i fakakaukau ko ee ke te fai 'e kita 'a e lea 'aki 'o e tapuaki, na'e fo'ou kiate au ka 'oku ou vakai 'oku fonu 'a e Tohitapu 'i he ngaahi mo'oni ko 'eni, pea 'oku ou 'ilo 'oku ui 'e he 'Otua 'a kitautolu pea mo foaki mai 'a e mafai ke tau fai 'a e tapuaki 'i he huafa 'o Sisu. Ko ia ai ne u kamata leva ke u tapuaki'i 'eku ngaue – 'o lea 'aki 'a e folofola 'a e 'Otua 'i he loto hounga pea mo fakamalo koe'uhi ko 'eku ngaue. Ne u kikivoi leva 'i he tapuaki'i 'eku ngaue he pongipongi hono kotoa pea u fakamalo ki he 'Otua 'i he pisinisi fo'ou 'e hu'u mai kiate au, 'io, ne u kole ange ke ne fekau ha ngaahi kasitoma fo'ou ke nau ha'u kiate au ke u tokoni'i.

'I he mahina 'e taha ua ne hoko mai, na'e 'ilonga lahi 'a e tupulaki 'a 'eku ngaue, pea 'i he taimi 'e ni'ihi ne u ongo'i 'a e ta'ota'o mai 'a e lahi 'o e ngaue. Ne u ako 'i he fo'i mo'oni ko 'eni, 'oku 'i ai pe 'a e founga ke kau mai 'a e 'Otua, 'i he'etau ngaue faka'aho 'oku ui kitautolu ki ai, pea ko 'etau tapuaki'i 'etau ngaue ko e konga pe 'o e ui 'a e 'Otua ki he me'a ketau fai. Ko ia ai 'oku ou foaki 'a e lavame'a hono kotoa ki he 'Otua. Ne u kamata leva ke u fakaafe'i mai 'a e Laumalie Ma'oni'oni ki he'eku 'aho ngaue, 'o kole 'a e poto mo fakatupu ha ngaahi fakakaukau fo'ou. Na'e fakatautefito 'eni ki he'eku fakatokanga'i ko e taimi 'o 'eku kole ki he Laumalie Ma'oni'oni ke tokoni'i au ke lava lelei 'eku ngaue, 'oku fa'a lava 'a e ngaue ia kimu'a 'i he taimi na'e fai ki ai 'a e 'amanaki.

'Oku ha mahino mai kiate au ko e ako'i ko ee 'oe tapuaki mo e founga ke fai 'aki, kuo ngalo ia 'i he ngaahi siasi lahi 'aki 'a e 'uhinga pe, 'i he'eku fa'a talanoa mo e kau Kalisitiane tokolahi 'oku 'ikai ke 'iai ha'anau 'ilo ki ai. Kuo hoko 'eni 'a e tapuaki'i

'o 'eku ngaue pea mo e kakai kehe ko ha 'ulunga-anga faka'aho kiate au. 'Oku ou 'amanaki ke u mamata ki ha fua lelei 'e haa mai meihe kakai, pea mo e ngaahi me'a 'oku ou tapuaki'i, 'o faka-tatau ki he folofola 'a e 'Otua, 'i he huafa 'o Sisu.

Ko e tapuaki 'o ha komiuniti

'Oku ou fakakaukau heni ki ha siasi – pe ko ha kau-taha ngaue tatau – ke ne tapuaki'i 'a e komiuniti 'oku tu'u 'o ngaue ai.

'A e kakai 'o .... (hingoa 'o e komiuniti), 'oku mau tapuaki'i koe 'i he huafa 'o Sisu ke mou 'ilo 'a e 'Otua, pea ke mou 'ilo 'a 'Ene ngaahi taumu'a ki ho'omou ngaahi mo'ui, pea ke mou 'ilo 'a 'Ene ngaahi tapuaki kiate kimoutolu taau-taha, ho'omou ngaahi famili pea mo e tukunga kotoa 'o ho'omou ngaahi mo'ui.

'Oku mau tapuaki'i 'a e 'api nofo'anga hono kotoa 'i .... (hingoa 'o e komiuniti). 'Oku mau tapuaki'i 'a e nofo mali kotoa pea 'oku mau tapuaki'i 'a e vaa fetauhi'aki 'o e ngaahi

memipa 'i he ngaahi to'u tangata kehekehe 'i he famili ko ia.

'Oku mau tapuaki'i 'a e mo'ui 'o ho sino pea mo ho'o tu'umalie. 'Oku mau tapuaki'i 'a e ngaue 'a ho'o ongo nima. 'Oku mau tapuaki'i 'a e ngaue lelei 'oku ke kau ki ai pea fakatauange ke tupulekina.

'Oku mau tapuaki'i 'a e tamasi'i ako hono kotoa 'i he ngaahi ako'anga; 'oku mau tapuaki'i kinautolu ke nau ako pea mo mahu'inga malie 'a e me'a 'oku ako'i kiate kinautolu. Fakatauange ke nau lalaka 'i he poto, mo e lahi 'a honau sino, pea mo 'ofeina 'e he 'Otua mo e tangata. 'Oku mau tapuaki'i 'a e kau faiako mo lotu ke hoko 'a e 'apiako ko ha feitu'u 'oku malu mo faka-tupu mo'ui lelei, 'io ha feitu'u tui 'Otua mo'ui pea 'oku ako'i ai 'a e mo'ui 'a Sisu.

'Oku mau lea ki he ngaahi loto 'o e kakai kotoa pe 'oku nau nofo 'i he komiuniti ko 'eni. 'Oku mau tapuaki'i kinautolu ke nau faka'ataa 'akinautolu ki he tohoaki 'a e Laumalie Ma'oni'oni pea ke

> *tupulekina 'a 'enau fakaongo mo fai ki he le'o 'o e 'Otua. 'Oku mau tapuaki'i kinautolu 'aki 'a e mahua mai 'a e Pule'anga 'o Hevani 'a ia 'oku mau a'usia 'i heni 'i he* .... *(siasi).*

'Oku mahino pau mai ko e fa'ahinga tapuaki ko 'eni 'oku totonu ke fakatatau mo fakafehoanaki ki he fa'ahinga tukunga 'oku 'i ai 'a e komiuniti. Kapau ko e komiuniti 'o ha kau fa'a 'oku nau mo'ui 'i he ngaue'i 'o e kelekele, tapuaki'i 'a e kelekele mo e fangamonumanu; kapau ko e komiuniti 'oku lahi 'a e kau ta'engaue, pea ke tapuaki'i 'a e ngaahi pisinisi ai ke fakatupu ha ngaahi ngaue. Fakatatau 'a e tapuaki ki he fie ma'u. 'Oua te ke hoha'a pe 'oku 'i ai ha'a nau totonu ki he tapuaki pe 'ikai! 'E 'i ai pe 'a e fa'ahinga ongo 'i he loto 'o e kakai pe 'oku hu'u mei fe 'a e tapuaki.

Ko e tapuaki'i 'o e fonua

'I he tohi 'a Senesi 'oku tau mamata ai ki he tapuaki na'e tuku ki he fa'ahinga 'o e tangata 'e he 'Otua, 'a e foaki ange ke nau mafai mo pule 'i he fonua pea mo e me'a mo'ui hono kotoa, pea tu'utu'uni kiate kinautolu ke nau fakatupu mo fakatokolahi. Ko ha tafaʻaki ʻeni ʻo e tupuʻanga fungani ʻo e faʻahinga ʻo e tangata.

Ne u feʻiloaki ʻi Kenya, ʻAfilika pea mo e tangata ngaue fakamisinale naʻa ne tanaki ʻa e fanga kiʻi tamaiki ʻoku nau nofo pe ʻi he hala puleʻanga pea naʻa ne akoʻi kinautolu ki he to ngoue. Naʻa ne fakamatala mai ʻa e talanoa ʻoku pehe ʻe he komiuniti Muslim ʻo pehe ʻoku malaʻia honau kelekele koeʻuhi he ʻoku ʻikai ha meʻa ia ʻe tupu ai. Naʻe tapuakiʻi ʻe hoku kaumeʻa pea mo e komiuniti faka-Kalisitiane ʻa e kelekele pea naʻe kamata ke moʻui. Naʻe hoko ʻeni ko ha fakaeʻa ʻa e ivi fakaofo ʻo e ʻOtua kuo vaka maiʻi he tapuaki.

Lolotonga ʻeku ʻi Kenya, ʻAfilika, ne u lue holo ʻi he kelekele ʻo e fale tauhi-fanau paea mo liʻekina (orphanage) ʻa ee ʻoku tauhi mo poupouʻi mai ʻe homau siasi. Ne u tapuakiʻi ʻa ʻenau ngoueʻanga ʻakaufua, pea mo ʻenau ngoue mo e fangamonumanu ko e fangamoa mo e fangapulu. (Ne u tapuakiʻi foki mo ʻeku ngoue ʻakaufua ʻaʻaku pea naʻe ola lelei ʻaupito.)

Ko e tangata ko Geoff Wiklund ʻoku ne fakamatala ʻae

me'a na'e hoko 'i he siasi 'i Filipaini fekau'aki mo 'enau tapuaki'i 'a e konga kelekele 'o e siasi 'i he lolotonga 'a e la'ala'aa mo e honge 'i he fonua. Ko e konga kelekele pe 'o e siasi na'e to ai 'a e 'uha, pea 'osi mai 'a e ngaahi kaunga'api 'o ma'u vai ke fu'ifu'i 'aki 'enau ngoue laise mei he vai 'a e siasi. Ko ha toe mana 'eni 'oku tukuange mai 'e he 'Otua, koe'uhi ko e fai 'o e tapuaki.

Ko e tapuaki'i 'o e 'Eiki
Neongo 'oku ou faka'osi 'aki 'a e 'tapuaki'i 'o e 'Eiki', koe'uhi he 'oku hange nai 'oku 'ikai hoa pea mo e sipinga 'o e fakalea ko 'eni ko e 'lea 'aki 'a e ngaahi fakakaukau 'o e hoifua mai 'a e 'Otua ki ha toko taha pe ko ha me'a'. Ko e fakakaukau ia heni 'a e 'tapuaki'i 'a e 'Eiki', ko e fakakaukau ke 'ngaohi ke fiefia'.

Founga fefe 'a 'etau tapuaki'i 'a e 'Otua? Taha 'a e founga 'oku fakaha ai 'oku 'i he Saame 103:

Fakafeta'i kia Sihova, 'a hoku laumalie… pea 'oua na'a ngalo 'Ene me'a 'ofa fulipe…

Ko e ha 'a e ngaahi me'a'ofa 'a e 'Eiki ki hotau laumalie?

'Oku ne fai fakamolemole'i, fai fakamo'ui, huhu'i, fakakalauni, fakafiemalie'i, fakafo'ou...

'Oku ou manatu'i ma'u pe ke u fakamalo ki he 'Otua 'i he 'aho kotoa pe koe'uhi ko e ngaue 'oku Ne fai mo vaka mai 'iate au ki tu'a. 'Oku ou manatu'i pea houngá'ia 'i he me'a hono kotoa 'oku Ne fai 'iate au, koe'uhi he 'oku 'ikai ngata 'i he tapuaki'i 'o 'Ene 'Afio ka 'oku ou lave ai mo au foki! 'Oku ke ongo'i fefe nai 'i he taimi 'oku fakamalo atu ai ha ki'i tamasi'i pe 'oku ne houngá'ia 'i ha me'a na'a ke fai pe lea 'aki? 'Oku mafana ho loto pea ke fie ma'u ke toe hulu atu 'a e me'a ke ke fai ma 'ana.

Ko ha lea faka'osi mei ha toko taha na'a ne lau 'a e tohi ni

'Oku ki'i faingata'a ke u fakamatala 'a e liliu 'eku mo'ui mei he talu 'a e fai 'o e tapuaki. 'Oku ou fakatokanga'i 'oku te'eki ke 'ikai mai ha taha 'i he taimi 'oku ou kole ke u fai ha tapuaki ma'ana – ne u ma'u foki 'a e faingamalie ke u tapuaki'i 'a e tangata tui faka-Muslim. Ko 'ete kole ko ee

kete fai ha tapuaki ki ha mo'ui 'o ha taha, 'oku ne fakaava 'a e matapa…. ko ha ki'i founga faingofua pea 'ikai ha ongo'i fakamanamana ka ko e founga pe ke 'omi ai 'a e Pule'anga 'o e 'Otua ki he tukunga 'o e mo'ui lolotonga 'a e toko taha ko ia. Kiate au, ko 'eku fai 'a e lotu ke tapuaki, 'oku fakalahi mai ia ki he'eku founga ngaue fakalaumalie… 'oku hange ha fakakakato mai ki he'eku mo'ui ha me'a na'e hama… – Sandi

Ko ha lea faka'osi mei he toko taha fa'u 'o e tohi ni
'Oku ou tui ko e me'a 'eni mei he 'Otua:

Ki he toko taha tui faka-Kalisitiane, peheange mai na'a ke 'ilo'i 'a e mafai 'oku ke ma'u 'ia Kalaisi Sisu, te ke lava 'o liliu 'a mamani.

NGAAHI FOUNGA KE FAKAHOKO

- Fakakaukau ki ha toko taha na'a ne fakamamahi'i koe – fakamolemole'i ange ia pea 'ikai ngata ai ka ke toe tapuaki'i ia.

- Fakakaukau'i ange 'a e ngaahi me'a 'oku ke lea 'aki ma'u pe 'o fakamala'ia ki ha ni'ihi kehe pe ko koe pe. Ko e ha e me'a te ke fai ki ai?

- Hanga 'o tohi ha tapuaki ma'au, ho hoa, pe ko ho'o fanau.

- Fakataha mo ha toko taha pea ke loto tau'ataina ke ke lea fakapalofisai ki he'ene mo'ui. Kole ki he 'Otua ha me'a fakaha mai mei ai 'oku fakatefito pe mo fakalotolahi ki he toko taha ko ia. Kamata 'aki nai ha'o lea 'o pehe, "Oku ou tapuaki'i koe 'i he huafa 'o Sisu. Fakatauange ke fua mai 'i ho'o mo'ui 'a e ngaahi palani mo e ngaahi taumu'a 'a e 'Otua…' pea ke fa'atatali. Manatu'i, 'oku ke ma'u 'a e finangalo 'o Kalaisi. Mo fetongi leva 'o lea fakapalofisai 'a e toko taha ko ia pea ke ne tapuaki'i koe.

- 'I ho siasi, fokotu'u ha kulupu ke nau fakamafola 'a e tapuaki ke fakamo'ui 'a homou vahefonau, pe ko e tapuaki'i 'a e ngaue 'oku ke lolotonga fai.

KO E FOUNGA KE KE HOKO KO HA TOKO TAHA TUI FAKA-KALISITIANE

Ko e ki'i tohi ko 'eni na'e fa'u ma'ae kau Kalisitiane. Ko e 'uhinga 'Kalisitiane' 'i heni, 'oku 'ikai ko ha'aku 'uhinga pe ki ha kakai 'oku lelei pe 'enau mo'ui. 'Oku ou 'uhinga heni ko e kakai kuo 'osi 'fanau'i fo'ou' mei he Laumalie 'o e 'Otua pea 'oku nau 'ofa pea mo muimui kia Sisu Kalaisi.

Ko e tangata 'oku ne ma'u 'a e mo'ui lo tolu: ko e laumalie, ko e 'atamai pea mo e sino. Ko e konga 'o e mo'ui fakalaumalie na'e ngaohi ia ke ne 'ilo mo fetu'utaki pea mo ha 'Otua ma'oni'oni, ko e Laumalie. Na'e ngaohi 'a e fa'ahinga 'o e tangata ke nau feohi vaofi mo e 'Otua, laumalie ki he Laumalie. Kae kehe, ko e angahala 'a e tangata 'oku ne fakamavae ai kitautolu mei he 'Otua 'o fakaiku ki he mate 'o hotau laumalie pea mole 'a e fetu'utaki mo e 'Otua.

'Oku fakamamafa ma'u pe 'a e kakai ke nau ngaue

mei honau ngaahi laumalie fakaetangata (soul) pea mo e me'a sino fakaekakano pe. Ko e laumalie fakaetangata (soul) 'oku 'uhinga ia ki he 'atamai (intellect), tu'utu'uni 'a e loto fakaetangata (will) pea mo e ngaahi ongo 'o e loto (emotions). Ko e ola 'o e ngaahi me'a ko 'eni 'oku fu'u ha mahino 'i mamani: siokita, 'afungi, manumanu, honge, ngaahi tau pea mo e 'ikai ha melino mo'oni mo e taumu'a valea 'a e mo'ui.

Ka na'e 'i ai 'a e palani 'a e 'Otua ke fakahaofi 'a e fa'ahinga 'o e tangata. Na'e fekau 'e he 'Otua ko e Tamai 'a Hono 'Alo, Sisu, ka ko e 'Otua pe foki mo Ia, ke ne hifo ki mamani 'i he 'imisi 'o e tangata ke fakaha mai kiate kitautolu 'a e 'Otua – *'Ka ne mou a'usia 'a e 'ilo'i 'o 'Oku, pehe te mou laau'ilo'i mo 'eku Tamai'* – pea na'a Ne fua 'e ia 'a e ngaahi nunu'a 'o 'etau angahala. Ko 'Ene pekia fakalilifu 'i he kolosi na'e palani pe mei he kamata'anga pea na'e kikite'i fakaikiiki 'i he Fuakava Motu'a. Na'a ne totongi huhu'i kakato 'a e angahala 'a e fa'ahinga 'o e tangata. Na'e fakahoho'ia 'a e fakamaau totonu 'a e 'Otua.

Ka na'e fokotu'u 'e he 'Otua 'a Sisu mei he mate. Na'e tala'ofa 'e Sisu ko kinautolu 'oku tui ki Ai te nau toe tu'u mei he mate 'o nofo mo la 'i 'Itaniti. 'Oku Ne foaki mai Hono Laumalie 'i he *taimi ni*, ko ha fakamo'oni pau koe'uhi ke tau 'ilo ai la pea 'a 'eva mo la 'i he toenga 'o 'etau mo'ui 'i mamani.

Ko ia ai ko e uho ia 'o e kosipeli 'o Sisu Kalaisi. Kapau te ke 'ilo mo vete ho'o angahala, kapau te ke tui na'e to'o 'e Sisu 'o fua ho tautea 'e Ia 'i he kolosi, pea na'a Ne toe tu'u mei he mate, pea te ne tuku atu kiate koe 'a 'Ene fakatonuhia. 'E foaki atu 'e he 'Otua 'a Hono Laumalie Ma'oni'oni ke toe fanau'i fo'ou ho laumalie fakaetangata – ko e 'uhinga ia 'a e pehe koee fanau'i fo'ou – pea 'e malava leva ke ke kamata 'ilo mo fetu'utaki fafale matu'aki vaofi – pea ko e 'uhinga ia na'a Ne ngaohi ai koe he kamata'anga! Ko e mate koee ho sino fakakakano, 'e toe fakamo'ui mai koe 'e Kalaisi 'o foaki atu 'a e sino langilangi'ia mo 'ikai ke toe 'auha. Me'a fakaofo 'eni!

Lolotonga ho'o mo'ui he mamani ko 'eni, ko e Laumalie Ma'oni'oni ('a ia ko e 'Otua pe foki ia) 'e ngaue 'iate koe (ke fakama'a koe mo ngaohi koe ke ke hoko ho 'ulungaanga 'o hange ko Sisu) pea vaka mai 'iate koe (ke ke hoko ko ha tapuaki ki ha ni'ihi kehe).

Ko kinautolu 'oku 'ikai te nau fili ke tali 'a e ngaue huhu'i 'a Sisu 'e to kiate kinautolu 'a e fakamaau pea mo hono fua kotoa. 'Oku 'ikai te ke fie ma'u ke ke a'u ki he tu'unga ko ia.

Ko 'eni ha lotu ke ke lotu 'aki. Kapau te ke lotu 'aki 'eni 'i he mo'oni ho loto, 'e fanau'i fo'ou koe.

> 'E 'Otua 'i Hevani, 'oku ou ha'u kiate Koe 'i he huafa 'o Sisu. 'Oku ou fakamo'oni atu kiate Koe ko e angahala au. (Vete kotoa ho'o ngaahi angahala 'oku ke 'ilo'i.) 'Oku ou fu'u ongo'i 'aupito ke u kole fakamolemole atu kiate Koe koe'uhi ko 'eku ngaahi angahala, pea mo 'eku mo'ui ne u mo'ui 'aki, 'o ta'e Te Ke kau ai pea 'oku ou fie ma'u 'a Ho'o fakamolemole.

> 'Oku ou tui ko ho 'Alo tofu pe 'e taha, Sisu Kalaisi, na'e tafe 'a Hono ta'ata'a ma'ongo'onga 'i he kolosi pea ne pekia koe'uhi ko 'eku ngaahi angahala, pea ko ia ai 'oku ou fie tafoki mei he 'eku angahala.

> 'Oku ke pehe 'i he Tohitapu (Loma 10:9) kapau

te mau fakaha ko Sisu ko e 'Eiki pea ke tui 'aki 'i homau ngaahi loto kuo fokotu'u 'a Sisu 'e he 'Otua mei he mate, 'e fakahaofi kimautolu.

'Oku ou vete atu 'i he taimi ni ko Sisu ko e 'Eiki ia 'a hoku laumalie. 'Oku ou tui na'e fokotu'u 'e he 'Otua 'a Sisu mei he mate. 'I he fo'i momeniti ko 'eni 'oku ou tali 'a Sisu Kalaisi ko hoku Fakamo'ui pea fakatatau ki He'ene Folofola, kuo fakahaofi au 'i he taimi ni mei he fakamaau. Malo 'Eiki 'a ho'o 'ofa pehee fau kiate au, na'a ke loto pe ke ke pekia ko hoku fetongi. Ko ha toki me'a fakaofo ia Sisu, pea 'oku ou 'ofa atu kiate koe.

Ko 'eni 'oku ou kole ke tokoni'i au 'e Ho Laumalie ke u hoko ko e toko taha na'a ke fie ma'u mo fakataumu'a au ki ai, kimu'a 'i he kamata'anga 'o taimi. Taki au ki ha kau Kalisitiane pea mo e siasi Te Ke fili koe'uhi ke u tupulekina 'iate Koe. 'I he huafa 'o Sisu, 'emeni.

'Oku ou fakamalo atu ki ho'o lau 'a e ki'i tohi ni. 'Oku ou faka'amu pe ke fai mai ha ngaahi fakamo'oni ki he founga na'e liliu ai 'a ho'o mo'ui 'i he fai 'o e tapuaki, pe ko e ngaahi mo'ui 'a e kakai na'a ke fai ki ai 'a e tapuaki. Fakamolemole ka ke fetu'utaki mai kiate au 'i he tu'asila ko 'eni:
richard.brunton134@gmail.com

Pe www.richardbruntonministries.org

Fekau'aki mo e tangata fa'u tohi: Ko Richard Brunton na'a ne kaunga kamata 'a e Colmar Brunton 'i he 1981 pea na'e hoko ko e kautaha 'iloa taha ia 'i he maketi fakatotolo 'i Nu'usila. Na'a ne malolo mei he ngaue 'i he 2014 pea kamata ai 'a 'ene tuku hono taimi ke fa'u ha ngaahi tohi pea lea mo ngaue fakalotu 'i Nu'usila pea mo e ngaahi fonua kehekehe. Ko ia foki na'a ne fa'u 'a e tohi ko e *Anointed For Work* – ko ha fakaafe ke ke laka atu ki ha toe mo'ui 'oku fakaofo ange mo fonu 'i he fakatu'amelie, pea ko ha feitu'u 'oku ngaue ai 'a e ivi 'o e 'Otua pea 'oku fakaofo 'ene liliu 'a e ngaahi 'api ngaue.

www.ingramcontent.com/pod-product-compliance
Lightning Source LLC
Chambersburg PA
CBHW051455290426
44109CB00016B/1770